LES JEUDIS
DE VILLEPREUX

PETITES CONFÉRENCES HEBDOMADAIRES
D'UN INSTITUTEUR
SUR LES ÉLÉMENTS DE L'ÉCONOMIE POLITIQUE

A L'USAGE DE TOUTES LES ÉCOLES

PAR

Henri VIEL LAMARE

Chef de bureau à la préfecture de la Seine
LICENCIÉ EN DROIT, OFFICIER D'ACADÉMIE.

Cet ouvrage a obtenu la mention très honorable
dans le concours ouvert par le Conseil général de Seine-et-Oise

PARIS
LIBRAIRIE CH. DELAGRAVE
15, RUE SOUFFLOT, 15

1880

A LA MÊME LIBRAIRIE
ENCYCLOPÉDIE DES ÉCOLES

LECTURE

MÉTHODE DE LECTURE ET DE PRONONCIATION par MICHEL, In-12, br. » 30
- Livre du Maître In-12, br » 90

PREMIERS EXERCICES DE LECTURE COURANTE ET DE PRONONCIATION, par LE MÊME In-12, cartonné » 40
Autorisés pour les écoles de la Ville de Paris

SECONDS EXERCICES In-12, cart. » 50
(Pour les Tableaux, voir le Catalogue)

LECTURE COURANTE

PREMIÈRES LECTURES des petits enfants, suivies d'exercices d'après la méthode Fræbel, par F Dupuis In-12 avec nombreuses vignettes, cartonné

PREMIÈRES LEÇONS DE CHOSES USUELLES, à l'usage des enfants de 7 à 9 ans, par E Dupuis In-12 avec 115 figures explicatives, cartonné » 80
Autorisé pour les écoles de la Ville de Paris

LECTURES COURANTES des écoliers français (la famille — la maison : habitation, alimentation, vêtement, — le village, — notre pays), par Caumont
Livre de l'Élève, avec lexique, exercices, vignettes In-12, cartonné 1 50
Livre du Maître In-12, cartonné 2 50
Autorisés pour les écoles de la Ville de Paris

LANGUE FRANÇAISE

COURS DE LANGUE FRANÇAISE (Théorie et exercices), par Berger, Inspecteur de l'Instruction primaire, Paris
Cours élémentaire In-12, cart » 80
— — Livre du Maître In-12, cart 2 »
Cours moyen In-12, cart 1 25
— — Livre du Maître In-12, cart 2 50
Cours supérieur In-12, cart 1 50
— — Livre du Maître In-12, cart 2 »
Autorisés pour les écoles de la Ville de Paris.

HISTOIRE ET GÉOGRAPHIE

HISTOIRE SAINTE par Edom Nouvelle édition refondue avec vignettes
Cours élémentaire In-12, cart » 80
Cours moyen In-12, cart 1 25
Cours supérieur In-12, cart 2 »
Autorisés pour les écoles de la Ville de Paris

HISTOIRE DE FRANCE, par A. Magin, revue par L Grégoire, professeur au lycée Fontanes
Cours élémentaire In-12, cart » 80
Cours moyen In-12, cart, 1 25
Cours supérieur In-12, cart 1 50
Autorisés pour les écoles de la Ville de Paris

HISTOIRE DE FRANCE, par G Hubault, professeur au lycée Louis le Grand
Petit Cours In-12 avec vignettes, cart » 85
Cours moyen In-12 (15 cartes dans le texte et 2 hors texte) cart 1 50
Cours supérieur In-12, cart 2 50
Autorisés pour les écoles de la Ville de Paris

GÉOGRAPHIE par E Levasseur (de l'Inst)
Petit Cours — Petit résumé, avec 19 figures ou cartes In-12, cart » 35
— Premières notions, avec vignettes et cartes coloriées In-12, cart 1 »
— Texte atlas des premières notions 12 cartes en chromo, texte avec fig In-4°, cart 1 5
Les cartes seules In-4° 1 10
Autorisés pour les écoles de la Ville de Paris
Cours moyen Géographie des écoles primaires In-12, cart 1 »
— Atlas correspondant (31 cart) In-12 cart 1 50
— Géographie des cinq parties du monde In-12, avec figures, cart 1 25
— Atlas correspondant (16 cartes en chromo) In-4°, cart 1 50
Autorisés pour les écoles de la Ville de Paris

— Texte atlas des cinq parties du monde (16 cart, en chromo, avec un texte orné de figures), In-4°, cartonné » »
Cours supérieur Géographie de la France et de ses colonies In-12, avec figures, cart. 1 »
— Atlas correspondant (31 cartes et 16 cartons, en coupes en 5 couleurs) In-4°, cart 75
— Texte atlas de la France et de ses colonies (8 planches avec un texte orné de figures) In-4°, cartonné 1 25
Autorisés pour les écoles de la Ville de Paris
Texte atlas des cinq parties du monde et de la France (25 cartes en chromo, avec un texte orné de figures) In-4°, cart 2 »
Les mêmes cartes sans le texte In-4°, cart 2 25
Autorisés pour les écoles de la Ville de Paris.

ARITHMÉTIQUE

LEÇONS D'ARITHMÉTIQUE théorique et pratique, de tenue de livres et de géométrie, par Trépied, professeur au lycée de Vendôme, et M Meun professeur de l'enseignement secondaire spécial
Petit Cours In-12 cart » 80
Solutions In-12 br 1 25
Cours élémentaire In-12 cart 1 50
Cours supérieur In-12, cart 1 50

CHANT

CHANTS DE L'ÉCOLE, Recueil de chants anciens et modernes à une, deux et trois voix, paroles de A Linden, musique de Mouzin, professeur au Conservatoire national de Paris
Première partie In-12, br » 75
Deuxième partie In-12 br » 75
Troisième partie In-12, br » 75

ÉCRITURE

L'ÉCRITURE DES ÉCOLES ET DES FAMILLES, par Clerget, ancien professeur à l'École normale et au lycée de Dijon
Album calligraphique (36 pl) Broché 2 50
Le prix des cahiers, dont le détail suit, est pour l'unité de : 10 c, 1 cent : 8 fr
N°s 1 Éléments et lettres droites.
     2 Lettres droites
     3 Lettres rondes
     4 Lettres bâtées
     5 Majuscules et écriture des premiers devoirs.
     6 Écriture des premiers devoirs
     7. Ronde
     8 Gothique
     9 Écriture française
    10 Bâtarde et expédiée
    11 et 12 Allemand
Modèles pour tous les genres. La feuille 15 c
Le cent 3 »
La collection des feuilles modèles 15 planches sur carton 12 »
Transparents d'application, n°s 1, 2, 3 et 4
Le transparent, 5 c Le cent 3 »
Transparents des expéditionnaires. Le transparent, 10 c Le cent 3 »
Une main moulée, indiquant la tenue de la plume 6 »
(Frais de port et d'emballage en sus)
Plumes Clerget La boîte 1 15
Porte plume Clerget Le cent 4 50
Encre noire Clerget Le litre » 60

DESSIN

LE DESSIN A L'ÉCOLE PRIMAIRE, par Cl. Sauvageot, de l'Union centrale des Beaux-Arts appliqués à l'Industrie
Collection de 10 cahiers de 550 figures.
Prix du cahier, 25 c Le cent 20 »
(Voir, pour l'Atlas de 58 planches et le Musée-Recueil, le Catalogue général)

LES JEUDIS
DE VILLEPREUX

DU MÊME AUTEUR

Le VIIIe arrondissement de Paris (Elysée). *Souvenirs historiques*, un volume in-12. . . Fr. 3 »

Cet ouvrage qui a obtenu la médaille d'or dans le concours ouvert par la caisse des Écoles du VIIIe arrondissement, a été admis dans les bibliothèques scolaires de la Ville de Paris.

Leçons de législation usuelle, *professées à l'Association polytechnique*, avec une préface par M. Frédéric Passy, de l'Institut, un volume in-12. . Fr. 2 50

Ce volume qui fait partie de la *Bibliothèque des Cours de l'Association polytechnique*, est inscrit au catalogue officiel des ouvrages recommandés pour les bibliothèques populaires communales ou libres, et a été honoré d'une souscription du ministère de l'Instruction publique.

LES JEUDIS
DE VILLEPREUX

PETITES CONFERENCES HEBDOMADAIRES
D'UN INSTITUTEUR
SUR LES ÉLÉMENTS DE L'ÉCONOMIE POLITIQUE

A L'USAGE DE TOUTES LES ÉCOLES

PAR

Henri VIEL LAMARE

Chef de bureau à la préfecture de la Seine
LICENCIÉ EN DROIT, OFFICIER D'ACADÉMIE.

Cet ouvrage a obtenu *la mention très honorable*
dans le concours ouvert par le Conseil général de Seine-et-Oise

PARIS
LIBRAIRIE CH. DELAGRAVE
15, RUE SOUFFLOT, 15
—
1880

INTRODUCTION

Au moment de soumettre mon travail aux juges du concours ouvert par le Conseil général de Seine-et-Oise pour la composition d'un *Manuel élémentaire d'Economie politique à l'usage des écoles primaires*, je crois qu'il est de mon devoir d'expliquer en quelques mots les raisons pour lesquelles j'ai adopté ce titre et cette forme : LES JEUDIS DE VILLEPREUX, *petites conférences hebdomadaires d'un Instituteur......*

La Commission, chargée de déterminer les conditions du concours et de juger les mémoires présentés, ne veut pas, c'est elle-même qui le dit, « *ajouter un bon précis de plus à ceux qui existent déjà* » : ne trouve-t-on pas, dans ce genre, des ouvrages qu'il semble bien difficile, sinon impossible, de surpasser?

D'un autre côté, elle demande *un travail nouveau*, et, si j'ai bien compris ses intentions, ce travail nouveau doit être un *manuel*, c'est-à-dire un livre à mettre dans les mains des élèves, et non un livre de lecture qui ne pourrait trouver place que dans les bibliothèques scolaires : dans ce dernier ordre d'idées, il existe, en effet, quelques bons livres qu'il n'y a pas lieu de refaire.

J'ai donc pensé qu'il était possible, tout en s'abstenant d'écrire un précis ou un livre de lecture, de faire un travail qui peut-être présenterait un double avantage, outre celui d'éviter la sécheresse inhérente à la forme purement didactique du précis, savoir : l'avantage d'offrir, tout à la fois, aux élèves des écoles publiques ou libres des deux sexes, l'enseignement qu'on veut leur donner, et aux maîtres, moins bien préparés que d'autres sur ces matières spéciales, la formule même ou tout au moins le programme de cet enseignement.

J'ai supposé que pendant une heure, une fois par semaine, l'instituteur de chaque commune réunirait dans sa classe les enfants du cours supérieur, *tant des écoles de filles que des écoles de garçons*, et qu'il leur ferait une petite conférence d'une demi-heure au plus, l'autre demi-heure étant réservée à des interrogations, même respectives, c'est-à-dire à un exercice éminemment propre à fixer dans l'esprit des enfants les idées fondamentales exposées dans les leçons précédentes.

J'ai supposé aussi que ces leçons se donneraient dans la matinée du jeudi, parce que les devoirs scolaires absorbent tous les autres jours, et qu'à mon sens l'enseignement, dans l'école primaire, des éléments de l'économie politique ne comporte pas de devoirs à faire ou à corriger, à moins toutefois qu'ils ne servent, à l'un des jours de classe, de sujets de rédaction : le repos, ménagé vers le milieu de la semaine pour les élèves et surtout pour les maîtres, ne serait donc pas sérieusement compromis.

Il ne me reste plus qu'à faire connaître le motif pour lequel j'ai, poursuivant mon hypothèse, placé ces petites conférences dans la bouche de l'instituteur public de Villepreux. Ici, quelques souvenirs personnels se mêleront au souvenir de faits historiques qui ont longtemps attristé la France et qui, il faut l'espérer, ne se reproduiront jamais.

Après les terribles désastres de 1870-1871, après la chute de Paris qui en a marqué la fin, tout le monde sait qu'un vent de folie a passé sur la grande cité, qui venait pourtant d'acquérir tant de gloire en résistant à l'ennemi pendant cinq longs mois de famine et de misères, et que la France a dû reprendre par la force sa capitale, dominée par les chefs d'une insurrection terrible.

Le gouvernement régulier s'était retranché à Versailles, et, de là, luttait contre le gouvernement insurrectionnel. Auprès de lui s'étaient groupées toutes les administrations publiques, et ceux qui les composaient habitaient Versailles ou ses environs : j'étais de ce nombre, et j'avais trouvé un logement dans Villepreux, petite commune située au fond d'un vallon, à quelques kilomètres du chef-lieu, au delà de Saint-Cyr sur la ligne de fer de Paris à Granville, et dans la direction même de l'avenue principale du parc de Versailles, ou du grand canal qui y fait suite.

J'entendais de là souvent le canon de l'armée française obligée de tirer sur Paris, quelquefois même le canon, plus éloigné, de l'insurrection tirant sur les coteaux qui protégeaient Versailles, et dans mon angoisse patriotique, je me répétais à moi-même, regrettant qu'elle ne fût pas applicable à mon pays, la réponse d'un homme d'État anglais à quelqu'un qui lui demandait si les agitations du Continent ne viendraient pas un jour ébranler le sol tranquille de la Grande-Bretagne : « *Il n'y a pas de danger, le peuple anglais sait trop bien l'économie politique.* »

Ce souvenir est resté gravé dans ma mémoire; et c'est pourquoi j'ai cru qu'il me serait permis, dans un concours ouvert par le département de Seine-et-Oise, d'associer à un travail sur l'économie politique, destiné aux enfants des écoles primaires, le nom d'une humble commune de ce département, d'un village où, dans des circonstances si mémorables, j'avais fait plus d'une fois, en d'autres termes peut-être, cette réflexion qu'a si nettement formulée

M. Laboulaye et que j'ai recueillie, pour en faire mon épigraphe, dans le discours de M. Frédéric Passy au Congrès tenu en 1876 à Clermont-Ferrand par l'Association française pour l'avancement des sciences

« *L'école primaire est la seule que fréquente la majeure partie de la nation, c'est là qu'il faut semer des idées justes, afin d'empêcher que plus tard ne germent l'erreur et l'envie, ces deux causes de révolutions.* »

Juin 1878

EXTRAIT DE LA *REVUE PÉDAGOGIQUE*
(N° 10 — Octobre 1879)

La *Revue* a publié, dans le n° 5 de mai 1879, un rapport de M. Frédéric Passy, membre de l'Institut, sur les mémoires envoyés à Versailles, pour le concours ouvert par le Conseil général de Seine-et-Oise, afin d'obtenir « un manuel d'Économie politique à l'usage des Écoles primaires »

Le mémoire de M. Viel Lamare, qui a obtenu la seconde récompense, est, comme le dit le savant rapporteur, « dans le ton qui convient, familier sans être trivial, et simple sans être naïf; il se lit avec facilité, avec intérêt même, et les divisions y sont généralement bonnes »

L'auteur a profité de la complaisance inépuisable de M. Frédéric Passy pour revoir son manuscrit et enlever les taches qu'une première rédaction n'avait pu dissimuler.

Grâce à cette révision attentive, qui n'avait d'ailleurs à porter que sur quelques points de détail, *les Jeudis de Villepreux* pourront obtenir l'entrée de nos écoles et rendre de réels services aux instituteurs et à leurs élèves; car l'auteur « a tenu à honneur, ainsi que lui conseillait le rapport du jury, de se livrer à cette révision de façon à doter l'enseignement primaire d'un bon livre de plus »

Nous nous proposons de donner quelques fragments de ce travail consciencieux, et nous commençons aujourd'hui par publier l'Introduction.

LES JEUDIS
DE VILLEPREUX

PETITES CONFÉRENCES HEBDOMADAIRES

D'UN INSTITUTEUR

SUR LES ÉLÉMENTS DE L'ÉCONOMIE POLITIQUE

I — Définition de l'Économie politique.

Mes amis, vous êtes réunis aujourd'hui, et vous vous réunirez à l'avenir tous les jeudis, dans cette classe, pour apprendre les éléments d'une science qu'on appelle l'ÉCONOMIE POLITIQUE, et qui pourrait très justement s'appeler *la science du bon sens*.

Il faut d'abord que vous sachiez bien ce qu'on entend par ces deux termes ainsi accouplés : « *économie politique* ».

Le premier de ces termes est un mot français que l'on a composé avec deux mots grecs, dont l'un signifie *maison*, et l'autre *loi* ou *règle* : *économie* veut donc dire *règle de la maison*.

Dans le langage usuel ce mot a le même sens que le mot *épargne*. Économiser, c'est épargner ; un homme *économe* est celui qui retranche de ses dépenses le superflu et qui les restreint au nécessaire, quant à celui qui se refuse volontairement le nécessaire même, ce n'est pas un homme économe, c'est un avare.

On peut donc dire que l'économie, c'est le bon ordre dans la conduite et l'administration d'une maison, et c'est pour ce motif qu'on appelle *économe* le fonctionnaire public qui est chargé, dans les hôpitaux, les collèges et les autres établissements de ce genre, d'assurer la perception des recettes et de régler les dépenses, de façon que celles-ci ne dépassent jamais celles-là, et qu'au contraire l'établissement qu'il a mission de gérer, fasse chaque année, s'il est possible, plus de recettes que de dépenses, et augmente ainsi son revenu.

Par cela même, mes amis, que l'on a nommé *économie* la qualité de celui qui sait bien régler ses dépenses, qui sait les maintenir en rapport constant avec ses recettes, on a été naturellement conduit à donner le même nom à la science qui étudie l'administration de tout établissement ayant des recettes et des dépenses.

L'économie fait connaître les lois, les règles qui président à cette administration, de même que l'astronomie (qui a, comme vous le voyez, avec un autre radical, la même terminaison) fait connaître les lois, les règles qui président au mouvement des astres dans l'univers.

Quand on veut indiquer d'une façon plus précise l'objet spécial sur lequel cette science doit s'exercer, on ajoute à son nom un adjectif; c'est ainsi qu'on dit :

L'économie domestique, pour désigner l'administration raisonnée d'un ménage privé, d'une maison particulière;

L'économie rurale, pour désigner l'ensemble des règles et des moyens qui font obtenir de la terre la plus grande somme de produits, aux moindres frais, et pendant un temps indéterminé ainsi que les principes qui doivent guider les cultivateurs dans l'emploi de ces produits;

L'économie industrielle enfin pour désigner l'application des règles analogues aux choses qui sont du domaine de l'industrie.

Le plus souvent, et lorsqu'on veut étudier cette science, non dans ses applications particulières, mais dans ses principes généraux, on fait suivre le mot *économie* de cet autre mot : *politique*, qui est aussi un adjectif, et non un substantif, comme lorsque l'on dit : *la politique*.

Dans l'un et l'autre cas, le mot *politique* nous vient, comme le mot *économie*, de la langue grecque; il a pour origine un mot qui signifie *la cité* et qui lui-même est dérivé d'un autre mot voulant dire *le grand nombre*.

La politique est en effet la science du gouvernement de la cité ou, plus généralement, de l'État; c'est le système particulier qu'adopte un gouvernement, c'est la direction donnée par lui aux affaires de l'État.

Ce qui est *politique*, c'est ce qui a trait aux affaires de l'État, ou bien c'est ce qui a trait aux affaires du grand nombre; et c'est par une application de ce second sens de l'adjectif en question, qu'on nomme *Économie politique* la science qui s'occupe des intérêts du grand nombre, c'est-à-dire des intérêts de tous les hommes en général, sans distinction de peuples. L'économie politique n'est donc pas autre chose que l'économie de la société tout entière : aussi l'appelle-t-on quelquefois l'*Économie sociale*.

Quel que soit le nom qu'on donne à cette science (pour moi je la désignerai sous le nom qui est le plus communément adopté), je tiens à vous affirmer, mes amis, que la politique et l'économie politique sont deux choses bien distinctes, que je n'aurai même pas l'occasion de mêler ensemble dans ces entretiens hebdomadaires.

Pourtant, je veux aujourd'hui, sans entrer dans des détails dont la place n'est pas ici, vous dire en quelques mots combien est grande, non pas seulement pour vous-mêmes, mais pour notre pays, au point de vue d'une bonne politique, l'utilité de l'enseignement élémentaire que je me propose de vous donner.

Vous, les jeunes garçons, vous serez dans quelques années des hommes faits : vous aurez à diriger votre conduite et vos affaires particulières, de façon à assurer votre existence et celle de votre famille; vous aurez à prendre part aux affaires publiques, en ce sens que vous devrez indiquer, au moyen d'un bulletin de vote, les noms de ceux à qui vous désirerez confier l'administration des intérêts de votre commune, de votre département, de votre patrie tout entière; quelques-uns d'entre vous pourront même être chargés de cette administration par leurs concitoyens.

N'aurez-vous pas plus de chances de faire de bons choix, ou de bien remplir vos fonctions, si vous avez eu, dès l'école, une idée juste des principes qui président à l'organisation de la société humaine? Ne serez-vous pas mieux protégés contre les erreurs dangereuses pour vous-mêmes et pour tous vos concitoyens?

Quant à vous, les jeunes filles, vous n'avez pas à vous préoccuper, directement du moins, de ces questions, réservées aux hommes; mais vous serez un jour chargées de l'administration intérieure d'un ménage; c'est vous qui, devenues mères de famille, donnerez à vos enfants les premières notions de toutes choses, et votre influence, qui pourra être grande sur l'esprit des pères, sera immense sur celui des fils : c'est vous, en un mot, qui formerez les générations de l'avenir. Ne vaut-il pas mieux que vous soyez en état, par une bonne préparation faite à l'école même, de ne leur donner que des idées exactes et de les mettre à l'abri des erreurs dont je parlais tout à l'heure et qui sont malheureusement si fréquentes? Un philosophe contemporain a dit avec beaucoup de raison : « Quand vous donnez de l'éducation à un garçon, vous faites *un homme éclairé*, quand vous donnez de l'éducation à une fille, vous faites *une famille éclairée*. »

Ne vous étonnez donc pas, mes amis, de vous voir rassemblés ici, autour de l'instituteur ordinaire des garçons, et tous, de quelque sexe que vous soyez, attachez-vous à comprendre et à retenir ces notions d'économie politique, que je ne commencerai véritablement à vous exposer que dans notre prochaine réunion.

J'ai dû, dans cette leçon, aborder des questions un peu arides, j'espère vous intéresser un peu plus par la suite.

II. — La société et ses besoins.

Je vous ai dit, mes amis, que l'économie politique pourrait être justement appelée *la science du bon sens*. C'est là son plus grand avantage, mais c'est peut-être aussi son plus sérieux inconvénient.

En effet, personne ne croit manquer de bon sens ; au contraire, chacun est persuadé qu'il a le bon sens en partage. Qu'en résulte-t-il? C'est que tout le monde fait de l'économie politique, sans s'être jamais donné la peine de l'apprendre ; et, mieux encore, sans savoir qu'on en fait ! Absolument comme ce personnage d'une célèbre comédie de Molière faisait de la prose sans s'en douter, lorsqu'il disait à sa servante : « Nicole, apporte-moi mes pantoufles et mon bonnet de nuit »

Mais si M. Jourdain, qui fait cette prose, ne se trompe pas et se sert des expressions les plus justes qu'il puisse employer pour donner cet ordre à Nicole, si dans cette circonstance, en un mot, il fait de la bonne prose sans l'avoir apprise, il ne s'en suit pas qu'il en sera toujours de même et qu'il ne fera pas à un autre moment de la très mauvaise prose.

Il en est de même de la science que nous étudions : chacun en faisant, plus ou moins souvent, à sa manière, il peut se faire que des idées justes soient émises sur une question d'économie politique par quelqu'un qui ne l'aura pas étudiée. Mais le plus souvent les idées qu'il exprimera seront des idées fausses, parce qu'il aura jugé sur les apparences et qu'il n'aura pas appris à écarter ces apparences pour arriver aux véritables causes. Il se produit, en effet, dans l'ordre économique des faits analogues à celui-ci : lorsqu'un bâton est plongé à moitié dans l'eau, le bâton paraît courbe au point même où il cesse de baigner dans cette eau, nous savons cependant qu'il n'est pas courbe, qu'il est toujours aussi droit qu'auparavant; comment arriverons-nous à être persuadés qu'il n'y a là qu'une apparence, le simple effet d'un phénomène physique? C'est par un effort de notre raison, c'est-à-dire par l'observation attentive, suivie d'un peu de réflexion.

La science économique est donc une science d'observation, et il faut l'apprendre pour la savoir, de même qu'on apprend, pour les savoir, la physique, la chimie, l'histoire naturelle, qui sont aussi des sciences d'observation.

Eh bien, mes amis, l'observation nous démontre d'abord

que l'homme est un être éminemment *sociable*, qui a besoin de ses semblables.

L'homme est la seule créature qui ait, comme on l'a dit avec un grand bonheur d'expression, « retenu un rayon de l'esprit divin dans son intelligence, appelée à discipliner et à régir les forces dont son corps est doué, et les forces de la nature ».

Il a besoin de liberté, mais la liberté qu'il lui faut, ce n'est pas celle qui consisterait à vivre dans une indépendance farouche, née de l'isolement, à vivre comme un animal qui, lorsqu'on le chasse de l'arbre qu'il habite au milieu des forêts, s'en va percher sur un autre arbre.

Sa destinée n'est pas de croupir dans l'ignorance et la misère, comme un sauvage ou comme une brute. Aussi voyons-nous que l'homme a partout et toujours recherché le voisinage de l'homme. C'est ainsi que se sont formées des agglomérations qui portent des noms différents suivant leur importance, laquelle est due elle-même à diverses causes géographiques ou historiques : villages, bourgs, petites villes, grandes cités, nations enfin. Cet ensemble d'agglomérations humaines, mes amis, c'est ce qu'on nomme *la société*.

La société est la conséquence de cet esprit de sociabilité dont je viens de vous entretenir, et qui est aussi inhérent à la nature de l'homme que le langage à l'aide duquel il communique sa pensée.

Le but de cette société est de faire ce qui serait impossible à chaque homme pris isolément : continuer, pour ainsi dire, l'œuvre de la création dans ce monde qui a été livré tout entier à l'activité humaine, et y poursuivre la satisfaction, de moins en moins incomplète, des besoins moraux et des besoins matériels de l'homme.

Les besoins moraux de l'homme sont nombreux; d'une façon générale, on peut dire que c'est par l'instruction et par l'éducation, données aux enfants, que la société y pourvoit.

L'économie politique doit-elle s'en occuper? Assurément oui, mais pas directement ce n'est pas elle, en effet, qui peut nous enseigner les règles de la religion et de la morale, nous donner la notion du droit, c'est-à-dire la connaissance de ce qui est juste et de ce qui ne l'est pas, nous apprendre enfin les faits qui se sont passés avant nous dans notre patrie et chez les autres peuples, anciens ou modernes.

Il ne faudrait pas croire toutefois que ces sciences qui s'appellent la morale, le droit et l'histoire, et qui ont en vue les besoins moraux de l'homme, n'aient aucun rapport avec l'économie politique, qui vise plus directement ses besoins matériels. Certes non! je puis vous donner immédiatement quelques exemples du contraire.

L'économie politique s'appuie sur la morale, lorsqu'elle cherche à démontrer, entre autres choses, que la sobriété est une vertu nécessaire, parce qu'elle pousse à l'épargne, et que toute épargne constitue une augmentation de la fortune publique en même temps qu'un accroissement de la fortune privée, tandis que l'intempérance appauvrit à la fois la société et les individus.

Elle étudie les différents codes (on nomme ainsi le recueil des lois auxquelles chacun est tenu d'obéir), pour rechercher l'influence de la législation sur la prospérité des peuples.

Enfin elle trouve dans l'histoire des renseignements précieux, par la raison que les habitudes économiques d'une société dépendent beaucoup de ses traditions.

J'aurai donc plus d'une fois, mes amis, l'occasion de faire

avec vous quelque courte excursion dans le domaine de la morale, du droit et de l'histoire; mais ce sera toujours pour rendre plus claire la démonstration d'une vérité économique.

Je vous disais, il n'y a qu'un instant, que l'économie politique, sans négliger les besoins moraux des hommes réunis en société, vise plus directement leurs besoins matériels. Quels sont ces besoins matériels ? Vous l'avez déjà compris, ce sont les besoins impérieux de notre corps périssable : il faut absolument, sous peine de mort, que nous dépensions une notable portion de notre temps et de nos forces pour nous préserver du froid, de la faim et de la soif; c'est pour cela que nous créons *des richesses*, c'est-à-dire des objets propres à satisfaire nos besoins.

Le temps donné à la création de ces richesses n'est d'ailleurs pas perdu pour le progrès intellectuel de l'humanité; car cette création exige l'application de notre intelligence à un objet déterminé, et, par une loi naturelle, la nécessité de créer des richesses est un perpétuel stimulant dans la lutte de l'esprit contre la matière : d'où il résulte que toute génération nouvelle profite des résultats obtenus par les générations qui l'ont précédée, et y ajoute ceux qu'elle obtient elle-même par ses propres efforts.

Vous savez que tous les phénomènes qui frappent vos yeux dans la nature, sont assujettis à certaines règles : il était donc impossible que cette création incessante de richesses nouvelles, qui occupe la plus grande partie des forces sociales, fût abandonnée au hasard ou au caprice des hommes. Elle a ses lois, auxquelles obéissent instinctivement tous ceux qui s'emploient plus ou moins à la satisfaction de nos besoins; et de même que la science du droit repose tout entière sur la notion du *juste*, de même la science économique a pour base la notion de l'*utile*.

Une remarque est à faire au sujet de ces deux mots : quand vous serez plus avancés dans la vie, vous reconnaîtrez aisément que presque toujours le juste et l'utile se confondent, en ce sens qu'il n'y a d'utile que ce qui est juste et de juste que ce qui est utile.

III. — L'utilité et la valeur.

Il existe, mes amis, une grande différence entre les œuvres de Dieu et les œuvres de l'homme: c'est que Dieu peut *créer*, c'est-à-dire faire de rien quelque chose, tandis que l'homme ne peut rien créer; j'ajoute qu'il ne peut, non plus, rien détruire: au prix des plus grands efforts, il ne réussirait pas à tirer du néant ou à supprimer un atome de substance.

Cependant, vous ai-je dit, l'homme *crée des richesses* pour subvenir à ses besoins. Qu'ai-je donc voulu dire? n'y a-t-il pas dans mes paroles une contradiction? Non, car voici ce qu'il faut entendre par ces mots: l'homme crée véritablement des richesses nouvelles, en *transformant* les choses de la nature, pour les approprier à ses besoins.

Prenons pour exemple le pain que nous mangeons et la maison que nous habitons. C'est l'industrie de l'homme qui les a créés, mais comment? en transformant des objets qui lui étaient offerts par la nature et qui étaient, pour le pain, du blé et de l'eau, pour la maison, de la pierre, du bois ou du fer.

Les choses que l'homme transforme ainsi par son industrie s'appellent des *matières premières*. — Il ne peut rien faire sans elles, mais la nature les lui fournit abondamment: on peut dire qu'elle est pour lui comme un vaste magasin, d'où il tire tout ce qui peut lui être utile.

Quelquefois nous trouvons dans la nature même la chose qui nous est utile, sans que nous ayons à la transformer pour nous en servir.

Nous avons besoin pour vivre de respirer, et pour respirer, il nous faut de l'air; la nature nous donne de l'air.

Nous avons besoin de lumière pour diriger nos pas et pour acomplir notre œuvre de tous les jours : la nature nous offre la lumière du soleil.

Il faut de la chaleur pour mûrir le blé dont nous ferons du pain et le raisin dont nous ferons du vin: c'est à la nature que nous devons la chaleur du soleil.

Enfin, il faut de l'eau pour éteindre notre soif, pour désaltérer les animaux domestiques, pour faire pousser les légumes dans les jardins et les blés dans les champs: c'est encore la nature qui nous envoie la pluie et qui nous offre les ruisseaux et les rivières.

Eh bien ! tout cela, air, eau, chaleur et lumière du soleil, que je vous cite à titre d'exemples seulement, tout cela se désigne sous le nom d'*utilités gratuites*, parce qu'elles sont dues à la nature seule, qui nous les fournit gratuitement.

Mais si nous avons en abondance et sans peine aucune l'air qui est indispensable à notre respiration, avons-nous de même les aliments nécessaires à notre nourriture? Non, le pain que nous mangeons exige beaucoup de travail avant d'arriver sur notre table.

Quand le mouvement de la terre sur elle-même a fait disparaître de notre hémisphère la lumière du soleil, ne sommes-nous pas obligés, si nous voulons encore nous servir de nos yeux, d'allumer des réverbères dans les rues, et des lampes, des bougies ou des chandelles dans nos maisons, c'est-à-dire de demander la lumière à l'industrie humaine?

Quand l'hiver est venu, et que le froid a engourdi nos

membres, que faisons-nous pour remplacer la chaleur du soleil qui nous fait défaut? nous brûlons du bois ou du charbon qui n'est pas venu jusqu'à notre foyer sans un grand travail.

Enfin, quand il n'y a pas de rivière dans le voisinage d'une maison, les habitants de cette maison demandent l'eau dont ils ont besoin à un puits, à un canal souterrain, à une machine élévatoire, etc., c'est-à-dire à un travail des hommes.

Toutes ces choses, mes amis, sont encore des utilités, mais on les désigne sous le nom d'*utilités onéreuses*, parce qu'il faut payer pour les avoir.

Cette distinction entre les choses qui sont nécessaires à l'homme, a son importance.

Celles pour lesquelles nous payons, soit que nous les achetions au fur et à mesure de nos besoins comme le pain, le bois du foyer ou l'huile de la lampe, soit que nous les achetions pour ainsi dire en bloc, comme dans l'exemple du puits qui, une fois construit, fournit de l'eau pendant des années; en un mot, les utilités onéreuses ont de la valeur: n'entendez-vous pas dire à chaque instant: combien vaut cet objet? quelle est sa valeur?

Au contraire, les utilités gratuites, celles qu'on a pour rien, sont sans valeur: vous n'entendez jamais demander combien vaut un mètre cube d'air ou un rayon de soleil.

Il y a donc des choses qui sont utiles sans avoir de la valeur.

Qu'entend-on au juste par ce mot: *valeur?* Comme il reviendra plus d'une fois sur mes lèvres, je veux aujourd'hui même vous en donner l'explication.

Dans l'isolement, les besoins de l'homme sont beaucoup plus grands que ses forces; dans la société, au contraire, les forces de l'homme surpassent ses besoins; il produit plus d'objets qu'il n'en faut à lui-même. Cet excédent n'est pas sans utilité.

Je suppose qu'un cultivateur récolte trois mille hectolitres de froment : c'est beaucoup plus qu'il n'en faut pour sa maison. Gardera-t-il ce qu'il a de trop dans ses greniers? Non, ce serait bientôt détérioré. Que fera-t-il donc? Il échangera cet excédent contre d'autres objets dont il a besoin et que son voisin possède également en trop, par exemple, contre des meubles, de la toile, du fer, du bois, etc.

Ainsi les quantités qui ne nous sont pas utiles directement, ne nous sont pas cependant inutiles, parce qu'elles ont pour d'autres personnes, à qui elles manquent, une utilité qui détermine ces personnes à se dessaisir en notre faveur d'autres objets qui nous font défaut.

C'est cette puissance qu'ont les choses utiles d'en procurer d'autres, également utiles, qui est le fondement de la valeur.

Mais il n'y a pas que les choses, dont on puisse dire qu'elles ont de la valeur, et vous allez le comprendre sans peine.

Le vêtement qui nous protège contre le froid n'a-t-il pas une autre valeur que celle de l'étoffe dont il est fait? n'a-t-il pas fallu payer l'ouvrier ou l'ouvrière qui l'a confectionné?

Ne paye-t-on pas aussi, dans les villes, l'homme qui porte au moyen de seaux jusqu'à l'étage le plus élevé de chaque maison, l'eau qui n'y monte pas d'elle-même?

Cependant ni l'un ni l'autre ne fournit quoi que ce soit: le tailleur ou la couturière n'a pas acheté l'étoffe, c'est nous qui la lui avons confiée, et le porteur d'eau n'a pas acheté l'eau, il l'a puisée gratuitement à la fontaine publique. Que payons-nous donc? Nous payons *les services* qu'ils nous rendent, en confectionnant avec notre étoffe un vêtement que le manque de temps ou de connaissances spéciales nous empêche de faire nous-mêmes, ou en nous épargnant la peine d'aller chercher nous-mêmes l'eau dont nous avons besoin.

Des services ont donc de la valeur toutes les fois que celui à qui on les rend, est disposé à les payer ce qu'ils valent.

A ce sujet, il est bon de constater que la vie sociale consiste dans un échange de services, beaucoup plus que dans un échange d'objets matériels.

Je ne vous ai cité que des exemples de services manuels; il en existe d'autres, et qui sont fort importants.

Quand nous sommes malades, nous appelons un médecin, et nous lui demandons de nous guérir, ou tout au moins d'indiquer ce qui pourrait soulager nos souffrances.

Quand nos intérêts sont menacés par les prétentions d'un homme injuste, et qu'il nous faut les défendre devant un tribunal, nous nous adressons à un avocat qui, non seulement nous donne des conseils, mais expose devant les juges nos moyens de défense, mieux que nous ne saurions le faire nous-mêmes.

Quand nous voulons apprendre une science, nous demandons à ceux qui la savent de nous communiquer leur savoir, de nous instruire en un mot.

Eh bien! mes amis, les services que nous rendent dans ces diverses circonstances, le médecin, l'avocat, le professeur, pour n'être pas des services manuels, n'en sont pas moins des services que nous sommes disposés à payer. Ils rentrent dans la catégorie des utilités onéreuses, par conséquent ils ont de la valeur.

IV. — L'utilité et la valeur *(suite).*

Dans notre dernière réunion, mes amis, nous avons vu qu'il existe des choses qui sont utiles sans avoir de la valeur. Nous allons aujourd'hui examiner si l'on peut renverser les termes de cette proposition, si l'on peut dire : il existe des choses qui ont de la valeur sans être utiles. Eh bien ! non, on ne peut pas le dire, par ce que ce serait faux. Une chose inutile ne peut pas avoir de la valeur.

Je vais vous en fournir la preuve, en prenant précisément pour exemples des cas où des objets, connus pour avoir ordinairement de la valeur, sont sans utilité, et par suite, dans ces cas-là sans valeur aucune.

Rappelez-vous les premiers vers d'une fable de La Fontaine, que vous connaissez bien :

> Un jour un coq détourna
> Une perle qu'il donna
> Au beau premier lapidaire
> Je la crois fine, dit-il,
> Mais le moindre grain de mil
> Serait bien mieux mon affaire.

Voilà une perle, c'est-à-dire un objet de grand prix, qui est pour ce coq un objet tout à fait sans utilité, parce qu'il ne saurait qu'en faire ; il est donc pour lui sans valeur.

En est-il de même pour le lapidaire ? Non, car il peut enchasser cette perle dans une bague ou une épingle, et la revendre avec bénéfice à quelqu'un qui voudra la posséder

Mettez à la place du coq de la fable une personne qui aura le plus grand désir d'avoir un collier de perles ; pour elle, ces perles auront la plus grande valeur, et si elle est riche, elle sera disposée à les payer très cher, à donner, pour les avoir en sa possession, peut-être mille fois ce qu'il faut pour sa nourriture d'une journée.

Supposez maintenant que cette personne se trouve, avec son collier de perles, sur un vaisseau qui a été désemparé par la tempête, et où les vivres ont déjà manqué : soyez assurés qu'elle méprisera profondément ces perles, devenues pour elle sans valeur, et qu'au contraire, un simple morceau de pain, c'est-à-dire un objet coûtant dix mille fois moins, aura pour elle une grande valeur.

Qu'est-ce que cela prouve, mes amis? Cela prouve que la valeur des objets se détermine d'après leur utilité, non pour tout le monde, mais pour celui qui en a besoin.

Il ne faudrait pas cependant apprécier l'utilité des choses d'après les données du nécessaire ou du superflu, mais bien d'après l'énergie du désir qu'on en peut avoir. L'utilité d'une chose nécessaire est réelle, mais pour être imaginaire, l'utilité d'une chose superflue n'en existe pas moins! C'est ainsi que les choses de pur agrément peuvent avoir de la valeur.

Lorsque vous avez bien travaillé, on vous permet de prendre une récréation : vous jouez alors aux billes ou à la toupie, vous sautez à la corde, vous faites rouler un cerceau, ou enfin vous habillez et déshabillez une poupée. Est-ce que ces objets sont utiles? Oui, pour vous, qui avez vivement désiré les avoir et qui prenez plaisir à vous en servir, mais non pour moi, qui ne joue pas aux billes ou à la poupée : ils ont donc de la valeur pour vous, et ils n'en ont pas pour moi.

Il est vrai qu'à un moment donné, ils peuvent avoir de la valeur pour moi qui ne m'en sers pas : c'est lorsque je les achète pour en faire cadeau à quelque enfant à qui je veux procurer un plaisir.

Il est vrai aussi que le marchand qui vous a vendu ces jouets, ne s'en sert pas plus que moi, et que cependant ils ont de la valeur pour lui; c'est parce qu'il les échange avec bénéfice contre les objets qui lui sont utiles.

Ainsi donc, l'utilité est la condition de la valeur; elle n'en n'est pas le seul élément, puisque la valeur ne se mesure pas sur elle seule, mais sur l'effort accompli ou le service rendu.

A ce propos, je voudrais écarter immédiatement de votre esprit une idée qui est fausse, et qui consiste à mettre *la rareté* des objets sur la même ligne que leur utilité, pour établir s'ils ont ou non de la valeur.

On cite généralement l'exemple des diamants, et l'on dit: ce qui fait la très grande valeur des diamants, c'est leur extrême rareté.

Non, c'est uniquement le désir qu'ont certaines personnes fort riches, d'orner leur tête, leur cou, leurs oreilles ou leurs doigts d'objets qui sont à la fois extrêmement rares et extrêmement brillants, et de surpasser ainsi les autres personnes dont la fortune est moindre et qui ne peuvent se donner ce luxe.

Sans doute, et nous le verrons plus tard, le prix d'un objet, c'est-à-dire sa valeur exprimée en monnaie, est toujours influencé par l'abondance ou la rareté de cet objet, et c'est pourquoi les diamants étant rares sont chers; mais il ne manque pas d'objets qui sont aussi rares et dont cependant personne ne veut, et l'on doit conclure que les diamants, si rares et par conséquent si chers qu'ils soient, tirent uniquement leur valeur du désir qu'on a de les posséder.

Revenons à l'exemple que j'ai cité déjà: au lieu de perles, donnez un diamant au naufragé que je supposais tout à l'heure; il est certain que dans ce navire, devenu le jouet des flots, le diamant en question sera un objet encore plus rare qu'il ne le serait dans une fête où plusieurs personnes porteraient de semblables pierreries : en aura-t-il plus de valeur? il en aura une bien moins grande, ou pour mieux dire, cette valeur n'existera pas.

Prenons un autre exemple tiré d'un fait qui se renouvelle tous les ans sous nos yeux.

Au début de la belle saison, nous voyons apparaître les premiers fruits, cerises et fraises, dont nous sommes privés depuis tant de mois. Elles sont rares, aussi vend-on très cher quelques cerises arrangées en bouquet autour d'un brin de jonc, ou quelques fraises déposées sur une petite claie d'osier.

Les unes et les autres ont alors une valeur qui est relativement grande, et cette valeur, vous pourriez être tentés de l'attribuer à leur rareté, car dès qu'elles deviennent plus abondantes, leur prix diminue beaucoup et les plus pauvres peuvent en acheter.

Vous auriez tort cependant, mes amis, car il arrive un moment où ces fruits redeviennent aussi rares qu'ils l'étaient au commencement de l'été, et cependant nous ne voyons pas se renouveler le fait des petits bouquets de cerises ou des petits tas de fraises. Pourquoi ne le voyons-nous pas? C'est par ce que tout le monde a pu, quand ils étaient abondants, se les procurer très facilement, et que, tout le monde en étant rassasié, personne n'a plus un grand désir d'en manger, personne n'est plus disposé à les payer cher: alors, malgré leur rareté, qui s'accentue chaque jour davantage jusqu'au moment où ils disparaissent tout à fait, la valeur de ces fruits est pour ainsi dire nulle.

Il suffira, mes amis, de ces deux exemples, pour vous démontrer que la valeur des objets ne réside pas dans leur rareté, bien que cette rareté doive avoir une grande influence sur leur prix, et pour amener votre esprit à cette unique proposition qu'il faut retenir: l'utilité des choses est la condition essentielle de leur valeur, et cette utilité peut avoir pour origine aussi bien une fantaisie qu'un besoin.

Je ne veux pas dire assurément, mes amis, qu'une fantaisie est aussi respectable qu'un besoin, et qu'il faut satisfaire également l'une et l'autre. Oh! non, et j'aurai sans doute l'occasion de vous démontrer le contraire.

Ce n'est pas un principe de morale que je pose en ce moment, c'est uniquement un fait que j'établis, afin de vous faire bien saisir le sens et la portée, dans l'ordre économique, des mots: *utile* et *utilité*.

V. — Sens de quelques mots.

Vous vous rappelez, mes amis, ce que je vous ai dit précédemment: les hommes ont des besoins moraux et matériels, et pour donner satisfaction à ces besoins, ils trouvent d'abord, et sans peine aucune, ce que j'ai appelé les utilités gratuites; mais comme celles-ci sont absolument insuffisantes, ils se voient obligés de recourir aux utilités onéreuses, ce qui revient à dire que chacun de nous doit demander aux autres hommes les choses qu'il n'a pas ou les services qu'il ne peut se rendre à lui-même. Cette nécessité forcerait seule les hommes à vivre en société, si leur nature même ne les y poussait déjà.

Pour être en mesure de fournir à chacun de ses membres les objets qui lui sont utiles, la société humaine crée des richesses, c'est-à-dire qu'elle transforme les matières que la nature lui fournit en qualités innombrables.

Avant de rechercher les moyens dont elle dispose pour

opérer cette transformation, il est bon que nous nous entendions bien sur le sens du mot *richesses* que j'ai déjà employé, mais que je ne vous ai pas encore expliqué, pas plus que quelques autres expressions, en petit nombre, dont je me suis également servi.

Le mot *richesse* (au singulier) s'emploie, dans le langage usuel, pour désigner la situation relativement supérieure d'une personne dans le milieu où elle vit : on dit d'un homme qu'il a de la richesse, quand il peut aisément se procurer à prix d'argent les objets ou les services qui lui sont utiles, si chers qu'ils puissent être ; j'ai dit *relativement supérieure*, parce qu'en effet, il n'y a rien de moins absolu que la richesse : tel sera riche au village qui sera presque pauvre à la ville, et tel sera pauvre dans un pays civilisé, qui sera tout à fait riche chez les sauvages.

Au contraire, le mot *richesses* (au pluriel) signifie, dans la langue de l'économie politique, *choses ayant de la valeur*, *choses utiles* ; il peut s'appliquer indifféremment aux objets d'une grande ou d'une minime importance : ainsi l'on peut dire que le sabotier qui fait des sabots crée des richesses aussi bien que l'horloger qui fait des montres en or.

On emploie quelquefois le mot *fortune* comme synonyme de richesse. C'est un tort : ce mot a un sens particulier, et il s'applique, non à la situation de l'homme riche, mais à l'ensemble des objets qui constituent sa richesse.

Il faut même distinguer la *fortune privée* de la *fortune publique*.

La fortune privée, ou fortune d'un particulier, se compose de tous les objets ayant de la valeur pour lui-même : terres, maisons, argent, meubles, etc. ; on y comprend les créances qu'il peut avoir sur un autre particulier à qui il aurait prêté de l'argent ou qui serait devenu son débiteur pour tout autre motif.

Lorsqu'il s'agit, au contraire, de la fortune publique, ou fortune d'une nation, il ne faut pas y comprendre les créances dont je viens de parler, parce que si les uns possèdent ces créances, les autres sont grevés des dettes correspondantes, et que dès lors le passif compense l'actif.

Un exemple familier vous rendra ceci plus clair : le maître d'un champ y fait un large trou, et amoncelle dans une autre partie de ce champ la terre qu'il retire au fur et à mesure que le trou se creuse ; quand l'opération est terminée, il y a, sur un point, un exhaussement du sol : le maître du champ en est-il plus riche ? a-t-il plus de terre qu'il n'en avait auparavant ? Non, puisque, sur un autre point, il existe un trou, et qu'il suffirait de rejeter dans le trou la terre amoncelée plus loin, pour rétablir les choses dans leur état primitif.

Bien que, d'une façon générale, on puisse apprécier la fortune publique d'une nation d'après les fortunes privées des hommes qui la composent, il faudrait se garder de considérer comme étant riche un État qui aurait une grosse dette, par cette seule raison que ses créanciers seraient presque tous des citoyens de cet État ; et pourquoi ? C'est que tous les citoyens de l'État en question, qu'ils soient ou non du nombre de ses créanciers, sont obligés de payer, au moyen de l'impôt, leur part des intérêts de sa dette, et que là encore la balance s'établit entre l'actif et le passif, comme elle s'était établie entre le monceau de terre et le trou que j'ai pris pour termes de comparaison.

De quoi donc se compose la fortune publique ? Elle se compose réellement d'objets ayant de la valeur pour tous, d'objets utiles à tous, et cette fortune est d'autant plus grande que le nombre de ces objets est plus considérable.

C'est ici le moment de nous demander par quels moyens la société obtient ces objets utiles à tous, comment ils parviennent entre les mains de ceux qui en ont besoin, et ce qu'il advient de ces objets.

On peut dire que le problème se réduit à trois opérations, qui sont *la production, la distribution* et *la consommation* des richesses.

Produire des richesses, c'est les créer en transformant les matières que nous offre si libéralement la nature.

Distribuer les richesses, c'est les amener à la portée de ceux à qui elles sont nécessaires, et répartir équitablement les bénéfices qui résultent de leur création.

Consommer les richesses, enfin, c'est les utiliser.

Je reviendrai sur chacune de ces trois opérations qui constituent presque toute la science économique, et chacune d'elles exigera même de longues explications.

Pour aujourd'hui, je veux vous donner encore quelques notions générales, afin de débarrasser notre route de tout ce qui pourrait entraver notre marche.

Lorsque vous considérez dans leur ensemble les manifestations diverses de l'activité humaine, vous voyez, mes amis, qu'elle s'exerce, pour la satisfaction de nos besoins moraux, dans les sciences, les arts et les lettres, et pour la satisfaction de nos besoins matériels, dans trois directions qui sont en général bien distinctes : *l'agriculture, l'industrie* et *le commerce.*

Sauf quelques exceptions qui ne détruisent pas la règle, on peut dire que l'agriculture extrait du sol les matières premières, que l'industrie s'empare de ces matières pour les transformer, et que le commerce vient à son tour prendre les objets ainsi transformés, pour les mettre à la portée des consommateurs.

J'ai parlé d'exceptions: il est bon que je vous cite quelques-uns des cas les plus ordinaires où il n'y a pas lieu de faire ces distinctions, utiles à connaître cependant, parce qu'elles sont généralement vraies.

Prenons d'abord pour exemple le blé.

L'agriculture fait pousser le blé, le récolte, le bat, et le livre en grains à l'industrie qui est représentée par le meunier; celui-ci transforme le grain en farine qu'il livre à une autre branche de l'industrie représentée alors par le boulanger. Eh bien! le boulanger qui fait le pain est aussi celui qui le vend, et par conséquent il se rattache en même temps à l'industrie et au commerce.

Prenons maintenant pour exemple la vigne: c'est l'agriculture qui récolte le raisin et c'est l'industrie qui fait le vin: mais est-ce que là encore l'agriculture et l'industrie ne sont pas confondues dans un seul être, qui est le vigneron?

Les matières premières ne sont donc pas exclusivement fournies par l'agriculture; l'industrie les livre quelquefois à une autre industrie, témoin la farine livrée par le meunier au boulanger; quelquefois aussi, c'est elle, et non l'agriculture, qui les extrait du sol; exemple, les produits des mines et des carrières.

L'agriculture elle-même a quelquefois besoin de matières premières, qu'elle demande, soit à l'industrie comme les engrais chimiques, soit au commerce comme les graines destinées aux semailles.

De tout ce que je viens de vous dire, mes amis, il faut conclure que la qualification de *premières* donnée aux matières nécessaires à une production quelconque, ne doit pas s'entendre dans un sens absolu: en effet, il arrive constamment, comme dans l'exemple de la ferme, qu'un objet déjà transformé par l'industrie devient une matière première pour une autre industrie. Si l'exemple de la ferme ne vous suffisait pas pour saisir toute l'importance de cette remarque, vous pourriez prendre l'exemple du cuir: pour le tanneur, la matière première est la peau des bêtes tuées par le boucher ou l'équarrisseur ; et le cuir produit par lui redevient matière première pour le cordonnier qui en fait des souliers ou pour le sellier qui en fait des harnais.

Je bornerai ici, mes amis, les explications préliminaires que je devais vous donner, sous peine de n'être pas bien compris par la suite.

J'aborderai la semaine prochaine l'importante question de la production des richesses.

VI. — Le travail.

Je vous ai montré, mes amis, l'activité humaine s'exerçant pour la satisfaction de nos besoins moraux, dans trois directions principales qui sont les sciences, les lettres et les arts, et pour la satisfaction de nos besoins matériels, s'exerçant également dans trois directions principales qui sont l'agriculture, l'industrie et le commerce. Eh bien, dans chacune de ces directions, nous trouvons, d'une façon générale et permanente, un certain nombre d'éléments qui concourent à la production des richesses; et de même qu'en arithmétique on appelle *facteurs* les nombres qui servent à produire un autre nombre, de même en économie politique, on appelle *facteurs essentiels de la production* les éléments dont je viens de parler, et qui sont au nombre de trois: le *travail*, le *capital*, l'*intelligence*.

Rien ne se fait sans le concours de ces trois facteurs; leur rôle est plus ou moins important, selon les cas, mais on les rencontre, tous les trois, dans toute espèce de production, qu'elle soit due à l'activité intellectuelle, qui est la première et la plus précieuse de toutes, et qui s'exerce dans les lettres, les arts, les sciences, ou qu'elle soit due à l'agriculture, à l'industrie, au commerce.

J'aurai donc à vous en parler longuement; mais c'est du *travail* que je veux d'abord vous entretenir, parce que, d'une part, le capital n'est pas autre chose qu'une accumulation des produits du travail, et que, d'autre part, l'intelligence humaine, sans le travail, ne s'élèverait guère au-dessus de l'instinct des animaux.

Le travail est une nécessité, mes amis, et si l'homme l'oubliait jamais ou s'il était tenté de l'oublier, en cédant à la paresse, la souffrance lui rappellerait bientôt que, sans le travail, il mourrait de faim ou de froid.

Il est même fort heureux qu'il en soit ainsi, et voici pourquoi: la nécessité du travail a été pour la plupart des nations la cause principale de leurs progrès dans la civilisation et du bien-être qui en est la suite. On a la preuve de cette vérité par un double exemple: celui du peuple hollandais qui a conquis la richesse par un labeur continuel malgré les obstacles de tout genre que lui opposait la nature même du pays, et celui des peuplades de sauvages chez lesquelles la nécessité du travail s'est fait moins vivement sentir, et qui sont encore en proie à la barbarie la plus complète, aux vices les plus odieux, et en même temps à la plus effrayante misère.

Dans certains pays situés sous les tropiques, il existe des arbres qui produisent, presque sans culture, et par conséquent sans grand travail, une nourriture des plus abondantes:

c'est d'abord le dattier, qui peut fournir chaque année plus de cent kilogrammes de dattes, qui distille le vin de palme, et qui, en outre, donne son bois pour la charpente des maisons, ses feuilles pour leur toiture, son écorce pour les nattes dont on les meuble, etc.; c'est ensuite le bananier, qui demande encore moins de travail que le dattier aux habitants des chaudes contrées où il croît, puisqu'il ne s'agit pour eux que de couper ses tiges chargées de fruits mûrs et de remuer légèrement la terre pour faire pousser des tiges nouvelles, et que deux jours de travail suffisent à un homme pour assurer sa nourriture et celle de sa famille pendant une semaine; c'est enfin le sagoutier, cet arbre plus merveilleux encore, qu'on trouve dans l'archipel malais et qui fournit une sorte de farine, appelée sagou, et si abondante que la récolte d'un seul arbre et dix jours de travail suffisent pour la fabrication du pain, ou plutôt du gâteau nécessaire à la nourriture d'un individu pendant toute une année!

N'allez pas croire, mes amis, que les pays ainsi dotés par la nature, et d'une façon si exceptionnelle, de tant d'utilités gratuites, soient des lieux de délices, et que ce soit là qu'il faille chercher ce que la mythologie a appelé l'*âge d'or!* Oh non! car c'est précisément dans ces pays, en apparence si favorisés, que vivent, je devrais dire que végètent les peuplades barbares, vicieuses et misérables que je vous ai citées, il n'y a qu'un instant, à propos de la nécessité du travail.

Un peuple heureux est, en effet, non celui qui peut vivre sans travail, mais celui qui est obligé de travailler pour donner satisfaction à ses besoins.

La nécessité du travail en fait une habitude, et l'habitude en fait bientôt un plaisir; et de même que le peuple heureux est celui qui travaille, on peut dire que l'homme heureux est celui qui s'adonne à un travail régulier, parce qu'il devient à la fois plus intelligent, plus content de lui-même et des autres, par conséquent plus sociable.

Nous allons tirer de là, mes amis, une conclusion : c'est que, si le travail est une nécessité, et si le bonheur est un effet du travail, il doit être aussi très honorable de travailler; qu'est-ce que travailler, sinon produire quelque chose qui soit utile à soi-même ou aux autres hommes? N'est-il pas très honorable de rendre service à la société tout entière, en assurant d'abord sa propre existence et celle de sa famille? Eh bien, mes amis, c'est ce que font les savants, les littérateurs et les artistes, lorsque par leur travail ils enrichissent le genre humain d'une nouvelle découverte ou d'un nouveau chef-d'œuvre; c'est ce que fait tous les jours l'agriculteur, quand il travaille la terre pour récolter le froment, les légumes et les fruits; c'est ce que fait l'industriel, quand il travaille le fer, le bois, le chanvre ou le lin; c'est ce que fait le commerçant enfin, quand il travaille pour transporter les marchandises, les emballer, les déballer, les détailler et les mettre à la portée des consommateurs. Oui, celui qui travaille, savant, littérateur ou artiste, agriculteur, industriel, ou commerçant — et remarquez bien que je ne parle pas seulement de celui qui dirige une exploitation agricole, industrielle ou commerciale, j'ai également en vue les ouvriers qu'il emploie — celui qui travaille, dis-je, rend service à la société tout entière; mais il est bon de savoir qu'il reçoit de cette société beaucoup plus de services encore qu'il ne lui en rend.

Je ne saurais trouver, pour vous faire comprendre cette vérité, un meilleur exemple que celui qui a été donné par F. Bastiat, un économiste de génie, à qui l'on vient à juste titre d'élever une statue dans son département d'origine, les Landes.

Quels services un menuisier rend-il à la société? de très grands assurément: il rabote et scie des planches, il fabrique des tables, des armoires, etc., toutes choses utiles à tout le monde.

Quels services reçoit-il en échange de cette même société? de bien plus grands encore! D'abord, il s'habille, et personnellement il n'a fait aucune des nombreuses pièces de son habillement; or, pour que ses vêtements, tout simples qu'ils sont, soient à sa disposition, il faut qu'une énorme quantité de travail, d'industrie, de transports, d'inventions ingénieuses ait été accomplie; il faut que des Américains aient produit du coton, des Indiens de l'indigo, des Français de la laine et du lin, etc., que tous ces matériaux aient été transportés en des villes diverses, qu'ils y aient été ouvrés, filés, tissés, teints, etc.

Ensuite, il déjeune: pour que le pain qu'il mange lui arrive tous les matins, il faut que des terres aient été défrichées, closes, labourées, fumées, ensemencées; il faut que le froment ait été récolté, broyé, pétri et préparé, et pour tout cela, mes amis, il faut que la plus grande sécurité ait régné dans le pays. Ce que je dis du pain, vous pouvez l'appliquer aux autres aliments que mange ce menuisier; et ce n'est pas tout, car je ne vous parle pas de la maison qu'il habite, de la rue ou du chemin qui borde cette maison, ni de l'école où ses enfants reçoivent l'instruction primaire.

Est-ce que vous n'êtes pas frappés de la disproportion énorme qui existe entre les satisfactions que cet homme puise dans la société et celles qu'il pourrait se donner s'il était réduit à ses propres forces? On peut affirmer que dans une seule journée il consomme plus de choses qu'il ne pourrait en produire lui-même dans dix siècles!

Vous seriez donc bien étonnés si l'on vous disait qu'il se plaint du sort qui lui est fait; cela arrive cependant, lorsqu'il ne sait pas, comme vous le saurez maintenant, vous, mes amis, que dans la société humaine, chacun travaille pour tous, et tous travaillent pour chacun.

C'est là un des bienfaits de *la division du travail* entre les divers membres de la société, selon les forces et les capacités spéciales de chacun d'eux.

Nous verrons bientôt, en l'étudiant à un autre point de vue, que cette division du travail accomplit de véritables miracles.

VII. — La division du travail.

Mes amis, ce que ne peut faire l'effort d'un seul homme peut être fait par l'effort de plusieurs.

Je suppose qu'un arbre de haute taille, chêne ou peuplier, ait été déraciné par l'orage, qu'il soit tombé en travers d'un chemin, et que ce chemin se trouve complètement barré. Une voiture s'arrête devant l'arbre renversé, et le charretier essaye en vain de déplacer l'obstacle, dont le poids est trop lourd pour ses forces. Une seconde, une troisième, une quatrième,... une vingtième voiture se présentent l'une après l'autre, et successivement chacun des conducteurs de ces voitures essaye de déblayer le chemin : rien n'y fait, chacun d'eux ne réussit pas mieux que le premier, et il pourrait s'en présenter ainsi des centaines, qu'ils ne seraient pas plus heureux!

Mais supposez que, dès qu'ils se sont trouvés dix, ainsi arrêtés par cet arbre couché en travers de leur route, ils ont uni leurs efforts, et qu'en divisant de cette façon le poids de l'arbre, chacun d'eux n'a eu à en déplacer qu'un dixième ; qu'est-il arrivé? C'est qu'ils ont transporté cet arbre comme s'il n'avait pas pesé beaucoup plus qu'un fétu, et que le chemin a été très promptement débarrassé.

Ce qu'il y a peut-être de plus remarquable dans ce fait, mes amis, c'est que le onzième conducteur de voiture, qui est arrivé au même endroit, et qui a passé sans éprouver aucune difficulté, ne s'est pas seulement douté que, quelques instants avant son passage, dix de ses semblables se sont livrés à un grand travail, à défaut duquel il n'eût pu accomplir ce qu'il avait dessein ou mission de faire, et qu'il en a été de même pour tous les individus qui ont suivi le même chemin par la suite!

Ainsi se trouve prouvée une de mes assertions précédentes, savoir : que les générations qui se succèdent sur cette terre profitent, non seulement des progrès qu'elles font elles-mêmes, mais surtout, et avant tout effort de leur part, des progrès qui ont été réalisés par les générations venues avant elles sur cette même terre!

Je reviens à la division du travail entre les hommes. Des faits analogues à celui que j'ai pris pour exemple se passent journellement sous nos yeux; bien des choses se font grâce à la division du travail, qui sans elle ne se feraient pas, ou, ce qui revient au même, se feraient si difficilement, si chèrement, qu'on pourrait se demander s'il ne vaudrait pas mieux qu'elles ne se fissent pas!

Croyez-vous que, si le travail n'était pas divisé, nous pourrions nous procurer, comme nous le faisons, pour quelques sous des centaines d'épingles, et pour quelques sous de plus des centaines d'aiguilles? Croyez-vous que, pour un franc ou un franc cinquante centimes en moyenne, vos parents pourraient acheter le modeste jeu de cartes avec lequel ils se délassent, dans l'après-midi du dimanche, des fatigues de la semaine et des soucis de tous les jours?

Pour fabriquer une épingle, il faut étirer le fil de laiton, le couper, aiguiser la pointe, faire la tête, la trouer, la fixer, etc ; on compte, en résumé, qu'il faut dix-huit opérations différentes. Si un seul ouvrier était chargé de faire successivement toutes ces opérations, il ne produirait peut-être pas vingt-cinq épingles par journée de travail, et le prix de ces vingt-cinq épingles devrait être au moins égal au salaire de l'ouvrier, augmenté du prix de la matière première : un cent d'épingles revendrait à 15 francs environ!

Au lieu de cela, on confie les dix-huit opérations en question à dix-huit ouvriers différents, et savez-vous ce qu'on obtient? C'est qu'ils produisent ensemble plus de cinquante mille épingles par jour, c'est-à-dire environ trois mille par ouvrier : cent vingt fois plus avec la division du travail que sans cette division!

Vous pouvez appliquer le même raisonnement à la fabrication des aiguilles, qui ne sont achevées qu'après avoir passé dans les mains d'un certain nombre d'ouvriers différents, mais qui sont produites en quantités innombrables.

Quant aux cartes à jouer, les opérations successives qui sont nécessaires pour leur fabrication sont, dit-on, au nombre de soixante-dix, et elles exigent des talents très divers. Quand même un ouvrier posséderait tous ces talents, il ne pourrait faire plus de deux cartes par jour, en sorte que, pour les trente-deux cartes dont se compose un jeu ordinaire, il faudrait seize journées d'ouvrier. et que le prix d'un jeu serait, pour le moins, égal à seize fois le salaire quotidien de cet ouvrier, soit une soixantaine de francs!

Par la division du travail entre soixante-dix ouvriers,

faisant chacun l'une des soixante-dix opérations, un fabricant de cartes à jouer obtient chaque jour plus de vingt mille cartes, soit environ trois cents par jour et par ouvrier : cent cinquante fois plus avec la division du travail que sans cette division !

J'ai pris les exemples que je viens de vous citer dans l'industrie manufacturière, parce que c'est là qu'on trouve la grande loi de la division du travail appliquée de la façon la plus évidente, la plus saisissante, par le voisinage immédiat des opérations. Mais, en regardant autour de vous, mes amis, vous la trouverez également appliquée, quoique à un degré moindre, dans l'agriculture. Ne voyez-vous pas dans les grandes fermes une série d'agents, qui ont, chacun, une besogne spéciale et qu'on appelle le berger, le bouvier, le charretier, la fille de basse-cour, etc., sans compter les moissonneurs qui, la moisson finie, se font batteurs en grange, laboureurs ou bûcherons, et le fermier lui-même, qui n'a aucune spécialité, mais qui doit tout ordonner, tout surveiller, et qui certainement a plus d'occupations que chacun de ceux qu'il emploie?

Vous penserez peut-être qu'il n'en est pas de même dans une petite ferme, ou mieux encore sur un petit coin de terre que son propriétaire fait valoir lui-même. C'est vrai, il n'y a pas là de division du travail : ce cultivateur est en même temps laboureur, moissonneur, jardinier, bouvier, etc.

Mais si nous ne trouvons pas, dans cette industrie particulière, la division du travail, est-ce qu'en regardant d'un peu près l'existence de ce cultivateur, nous n'allons pas la retrouver ?

A-t-il bâti lui-même la maison qu'il habite? a-t-il extrait lui-même du sein de la terre les pierres, ou a-t-il façonné lui-même le bois dont elle est faite?

J'admets qu'il mange du pain cuit par ses propres soins et provenant du blé que lui-même a récolté; est-ce lui qui a broyé le blé et qui en a tiré la farine dont son pain est formé?

Est-ce lui qui a fabriqué sa chemise, sa blouse et son pantalon? récolté, tissé, teint le lin, le coton et la laine qui entrent dans leur fabrication?

Est-ce qu'il n'a pas fallu que la division du travail, s'exerçant successivement dans l'agriculture, l'industrie et le commerce, mît en mouvement les forces physiques ou intellectuelles d'un très grand nombre d'hommes pour que ce cultivateur eût en sa possession une chemise, une blouse et un pantalon? Ne nous occupons que de la blouse: il a fallu des ouvriers pour récolter le coton, des commerçants pour l'acheter, des ingénieurs et des ouvriers pour construire le vaisseau qui l'a transporté d'Amérique en France, et avant ceux-ci d'autres ingénieurs et d'autres ouvriers pour préparer les matériaux nécessaires à cette construction, par exemple pour extraire de la mine le fer et le charbon, façonner le bois, fabriquer les cordages et les voiles, etc., des ingénieurs encore et des ouvriers pour niveler les routes, établir les chemins de fer, construire le matériel roulant, des agriculteurs pour élever des chevaux, des charrons pour faire des voitures, des architectes et des maçons pour bâtir l'usine où le coton sera tissé ou teint.

Je m'arrête là, bien que la blouse soit à peine faite et que le commerce ne soit pas intervenu encore pour la mettre à la portée du cultivateur que nous avons en vue.

Je viens de vous répéter, mes amis, sous une autre forme, ce que je vous ai dit dans ma dernière leçon, à propos de ce menuisier qui doit tant à la société. C'est qu'on est toujours ramène, quand on étudie ces questions, à ce phénomène qu'il ne faut pas oublier.

Des centaines de milliers d'individus peuvent, à un moment donné, profiter du travail d'une seule personne, et cette personne, si modestes que soient ses besoins, ne peut vivre sans mettre à contribution le travail de plus de cent mille individus!

VIII — La division du travail *(suite)*

Vous avez vu, mes amis, que la grande loi de la division du travail est appliquée de différentes façons.

Le travail se divise, en effet, entre les ouvriers d'une même entreprise, comme dans les exemples que je vous ai cités, d'une grande ferme, d'une fabrique de cartes à jouer, et d'une usine à aiguilles ou à épingles.

Le travail se divise aussi entre les habitants d'un même pays, où l'on voit que si l'un récolte le blé, c'est un autre qui transforme le froment en farine, et un autre encore qui fait le pain; que si celui-ci vend des vêtements, celui-là fait le commerce des outils et des instruments divers dont les autres travailleurs se servent habituellement; et que si le boucher tue les animaux, c'est le tanneur qui prépare leur cuir et c'est le cordonnier qui en fait des souliers.

Le travail se divise enfin entre les peuples divers qui se partagent la surface de la terre, car si quelques-uns de ces peuples sont plutôt pasteurs et agriculteurs, d'autres sont plutôt manufacturiers, de sorte que les premiers envoient aux seconds la laine de leurs moutons, par exemple, et que ceux-ci leur envoient en retour des étoffes fabriquées avec cette laine; si certaines nations, telles que celles des climats chauds, récoltent seules le café dont l'usage est si universellement répandu aujourd'hui, le cacao qui est la base du chocolat, les épices, poivre, cannelle ou vanille, le coton enfin, les autres, moins largement traitées par la nature, mais par cela même plus actives, fournissent les navigateurs qui vont au loin chercher ces produits exotiques, les industriels qui les transforment en aliments ou en vêtements, et les commerçants qui les mettent à la portée des consommateurs.

Et il est bon de vous souvenir, à ce propos, mes amis, que très souvent les nations mêmes qui ont fourni la matière première, se rangent au nombre des consommateurs du produit fabriqué; je viens de vous en donner un exemple dans la laine que produisent les peuples pasteurs et que les peuples industriels leur restituent sous la forme d'étoffes; voulez-vous un autre exemple tout aussi remarquable d'un produit transformé retournant à son pays d'origine qui n'aurait pas su en tirer parti? Voyez l'acajou, qu'on nomme quelquefois bois des îles; il vient des colonies d'Amérique en Europe à l'état de planches à peine dégrossies, et il retourne aux colonies à l'état de meubles élégants!

Mais ce n'est pas tout, et l'on peut envisager la division du travail à un point de vue plus général encore. Je ne vous ai entretenus que des travaux manuels: or, vous savez qu'il est d'autres travaux à défaut desquels le monde entier resterait plongé dans l'ignorance et la barbarie.

Il se fait donc aussi une division entre les fonctions de l'esprit et les travaux corporels, entre le travail de ceux qui songent aux besoins moraux de l'homme, et le travail de ceux qui ne s'occupent que de ses besoins matériels. Il faut, en effet, pour que les découvertes des générations disparues ne soient pas perdues pour les générations qui suivent, pour que le souvenir de leurs progrès soit plus fidèlement gardé qu'il ne le serait par la simple tradition, toujours sujette à l'erreur, pour que leurs fautes mêmes soient évitées à l'avenir, il faut, mes amis, que des hommes doués d'une intelligence plus vive et plus cultivée s'adonnent au travail de la pensée d'abord, et ensuite du livre qui la conserve et en fait profiter tout le genre humain!

Il faut aussi que d'autres hommes, entraînés par la vocation, se livrent tout entiers au culte des beaux-arts, et produisent des chefs-d'œuvre en architecture, en musique, en peinture, en sculpture!

Il faut que d'autres enfin travaillent à rendre la justice, ou bien à soulager les souffrances physiques des autres hommes, ou encore à développer leur intelligence et leurs aptitudes par l'instruction.

Voici donc bien établi, mes amis, le fait de la division du travail entre les hommes; nous allons maintenant en rechercher la raison. Je vous ai déjà dit quelques mots qui ont dû vous la faire deviner, mais la question est assez sérieuse pour qu'on la traite à fond.

Commençons par la division du travail dans une industrie particulière : pourquoi les dix-huit opérations nécessaires pour la fabrication d'une épingle sont-elles confiées à dix-huit ouvriers différents, au lieu de l'être à un seul ouvrier qui ferait successivement les dix-huit opérations? Parce que, vous ai-je dit, dans le premier cas, chacun des dix-huit ouvriers parvient à faire, en un jour, sa part de 50,000 épingles (soit l'équivalent de près de 3,000 coûtant fort peu de chose), tandis que dans le second cas il n'en ferait peut-être pas 25, qui coûteraient très cher! Comment expliquer cela? On en peut donner deux motifs principaux.

Le premier, c'est que l'ouvrier, s'il était obligé de passer d'une opération à l'autre, perdrait beaucoup de temps à ces changements multipliés; de plus, à chaque changement, son travail n'aurait pas l'énergie qui résulte de ce qu'on peut appeler la mise en train; enfin, il lui faudrait de perpétuels efforts de mémoire ou de réflexion pour exécuter, dans l'ordre convenable, les dix-huit opérations, et pour éviter, non seulement de nouvelles pertes de temps en cas d'oubli de l'une d'elles, mais aussi les pert matérielles résultant d'une erreur irréparable.

Le deuxième motif, c'est que la fréquence de l'opération particulière à laquelle il se livre, donne à l'ouvrier un degré d'habileté extraordinaire qui lui permet d'accomplir très vite ce qu'il fait. On peut dire que, grâce à cette habileté, ses mains font leur besogne presque machinalement, et sans que sa pensée en soit absorbée; elle peut se porter, dès lors, non pas sur des objets étrangers à son travail (on ne fait rien de bon, quand on songe à autre chose que ce que l'on fait), mais sur les moyens de le simplifier encore; et remarquez bien, mes amis, que cela se produit plus souvent qu'on ne serait tenté de le croire: les grandes inventions industrielles sont dues, pour la plupart, à des ouvriers que la pratique de leur métier a conduits, tout naturellement, à des simplifications très utiles. Je pourrais, à ce sujet, vous indiquer plusieurs noms; je me bornerai à vous citer celui d'un enfant, nommé Potter, à qui l'industrie a dû un progrès immense.

Au début de l'emploi des machines à vapeur qu'on venait à peine d'inventer, on chargeait ordinairement un enfant de tirer et de pousser une roue qui ouvrait et fer mait un robinet : c'était là son lot dans les travaux divisés de l'usine, et c'était un lot important ; car il ne pouvait quitter son poste ou négliger son devoir un seul instant, sans mettre en péril l'usine tout entière avec ceux qui y étaient occupés.

Le jeune Potter, chargé de ce soin dans une fabrique d'Angleterre, trouvait sa besogne ennuyeuse et fatigante ; tout en l'accomplissant avec régularité, il observait attentivement la marche de la machine, trouvant singulier que de toutes les pièces de cette machine, la roue qu'il mettait en mouvement fût la seule qui n'allât pas toute seule ; et il songeait que si la chose était possible, il lui suffirait de surveiller de temps en temps le mouvement de cette roue.

L'attention qu'il apportait à ce problème lui fit remarquer que, chaque fois qu'il devait pousser la roue dans un sens, l'une des pièces de la machine s'éloignait précisément dans ce sens, et que, au contraire cette pièce se rapprochait au moment même qu'il devait tirer la roue dans l'autre sens. Son parti fut bientôt pris : il attacha la roue à la pièce en question au moyen d'une ficelle, et la machine elle-même fit sa besogne avec plus de régularité encore qu'il ne la faisait lui-même.

Ici, notre héros cesse d'être digne de louanges : car il profita de son invention pour aller jouer au dehors. Son absence fut remarquée, et vous pouvez juger de la terreur et de la colère qu'elle inspira tout d'abord. Mais, comme on vit que tout allait fort bien, grâce à la simplification imaginée par Potter, on ajusta une tige métallique à la place de la ficelle arrangée par lui, et depuis cette époque les machines à vapeur sont dotées d'un perfectionnement qui avait échappé à leurs savants inventeurs, aux mécaniciens les plus éprouvés, et qui était uniquement dû à l'attention 'un enfant, dont la besogne spéciale n'absorbait pas toutes les forces intellectuelles!

Ainsi, mes amis, la division du travail a été introduite dans une industrie déterminée pour que chacun de ceux qui y sont employés, pût produire mieux, plus vite et à meilleur marché que si chacun d'eux était chargé du travail tout entier. Eh bien, ce n'est pas pour d'autres raisons qu'a été établie par la force des choses la division du travail entre les hommes en général. Celui d'entre nous qui voudrait produire lui-même tout ce qui est nécessaire à son logement, à sa vêture, à son alimentation, à tous ses besoins enfin, n'y parviendrait jamais, eût-il dix vies au lieu d'une seule, — rappelez-vous l'exemple du menuisier! —mais, même en supposant l'impossible, en supposant qu'il y parviendrait, tous les objets qu'il produirait lui coûteraient beaucoup plus cher et seraient beaucoup plus mal faits qu'ils ne le sont par le travail divisé entre tous; le progrès deviendrait un mot vide de sens, et le monde ne serait plus habité que par de misérables hordes de sauvages, privées de tout ce qui donne quelque douceur à l'existence!

IX. — La liberté du travail.

Mes amis, avant de passer à l'étude du capital qui occupe le deuxième rang parmi les trois facteurs de la production des richesses, j'ai encore à vous entretenir du premier de ces facteurs : il ne suffit pas, en effet, que le travail soit divisé entre les hommes pour qu'il donne tout ce qu'il doit donner, pour que le bien-être du genre humain soit de plus en plus assuré, c'est-à-dire pour que les choses utiles à tous soient produites de plus en plus vite, de mieux en mieux, et à des prix de plus en plus abordables pour les moins fortunés.

Une autre condition est indispensable : *il faut que le travail soit libre.*

L'histoire nous apprend qu'il n'en a pas été toujours ainsi, et, pour vous faire bien comprendre l'importance de la liberté du travail, je dois vous donner quelques notions sur certaines coutumes du temps passé, et tout d'abord vous entretenir de deux grandes iniquités sociales, qui n'existent plus, heureusement ! et qu'on nomme *l'esclavage* et *la corvée.*

Bien que nous soyons redevables de nombreux bienfaits à la civilisation des Anciens (c'est sous ce terme générique qu'on désigne ordinairement les Grecs et les Romains, ces deux grands peuples qui nous ont précédés dans l'histoire), il faut reconnaître que le travail était loin d'être en honneur chez eux, car il était réservé à des esclaves qui appartenaient à leur maître comme des animaux et qu'il nourrissait et soignait au même titre !

Non seulement c'était par des esclaves que les travaux manuels étaient exécutés, mais leurs médecins, leurs grammairiens, leurs secrétaires, et jusqu'aux professeurs chargés de l'éducation de leurs enfants, étaient des esclaves.

Une semblable organisation du travail ne pouvait donner que des résultats désastreux : les arts manufacturiers étaient sans essor aucun, et les découvertes industrielles fort rares, pour ne pas dire nulles ; quant à l'agriculture, elle restait forcément stationnaire entre des mains serviles. On ne trouvait pas cette classe moyenne qui fait la force des nations modernes : on voyait, au sommet de la société, quelques hommes très riches, et en bas, une multitude indigente ; le luxe corrupteur des uns faisait encore mieux ressortir l'extrême misère des autres. La conséquence de ce système fut d'abord l'amoindrissement de la population, et finalement, le partage de l'Empire Romain entre les Barbares qui l'assaillirent de toutes parts et auxquels il n'avait plus la force de résister.

Je reviens aux esclaves, dont il est intéressant de connaître le sort chez les Anciens.

C'était la guerre qui les leur fournissait, au temps de leur prospérité, et, en revenant à Rome après une conquête nouvelle, les armées romaines traînaient derrière elles une multitude de captifs, destinés à travailler pour les vainqueurs. Comme il était peu facile de les remplacer, on les soignait avec une certaine humanité ; mais dès qu'ils vieillissaient, on les reléguait dans une île du Tibre dont l'atmosphère malsaine avait bientôt raison de ces bouches devenues inutiles.

C'était profondément cruel, mais on peut affirmer que, dans les temps modernes, l'esclavage a été plus terrible encore que chez les Anciens.

En effet, le maître exigeait des esclaves, par des châtiments corporels, toute la somme de travail qu'ils pouvaient donner, et il ne craignait pas de les tuer, jeunes encore, par l'excès de la fatigue, sachant qu'il les remplacerait facilement, grâce à ce trafic odieux qui est connu sous le nom de traite des nègres.

Il est vrai que, sans la crainte du fouet, l'esclave n'eût pas travaillé, et vous allez en saisir facilement la raison ; c'est que l'esclave n'avait pas d'intérêt personnel au travail accompli par lui, il savait qu'il n'en tirerait aucun profit, il n'avait même pas l'espérance de voir sa position améliorée ; par conséquent, rien ne le stimulait, et, au contraire, tout l'invitait à la paresse et à la fainéantise.

On a même remarqué que lorsqu'un maître, plus humain que les autres, défendait de frapper ses esclaves pour les faire travailler, la production s'arrêtait immédiatement dans sa plantation, et il ne tardait pas à être ruiné, tout en étant béni par ses esclaves! C'est que, encore une fois, l'esclave, même bien traité, n'avait pas d'intérêt personnel au travail.

J'ai parlé au passé, mes amis, de cette odieuse organisation du travail, qui avait pris naissance en Orient et qui se manifeste si souvent dans l'histoire du peuple hébreu, parce qu'elle a heureusement disparu, dans le monde civilisé du moins. Les idées généreuses, que notre pays avait adoptées le premier en abolissant, dès 1794, l'esclavage dans les colonies françaises, ont fait aujourd'hui le tour du monde. En 1833, l'esclavage colonial était aboli par l'Angleterre, et en 1848 il disparaissait définitivement des possessions de la France, qui l'avait rétabli en l'an X, sous le Consulat. A la suite d'une terrible guerre civile qui a ensanglanté l'Amérique pendant plusieurs années, les États du Sud, partisans de l'esclavage et soulevés contre leur patrie, ont été définitivement vaincus en 1865 par les États du Nord, qui etaient partisans de la liberté des noirs, et qui avaient à leur tête un grand homme dont je vous engage à retenir le nom : Abraham Lincoln, président des États-Unis. Il a été, presque immédiatement après la défaite des rebelles, lâchement assassiné par un misérable fanatique, mais il avait eu la gloire de proclamer l'abolition de l'esclavage dans les vastes contrées qu'il gouvernait, et d'assurer par son énergie et ses talents cette éclatante victoire de la civilisation sur la barbarie.

Aujourd'hui le travail est libre dans le nouveau continent comme dans les parties civilisées de l'ancien continent, et, loin d'avoir diminué, la production y a pris un essor inconnu avant l'abolition de l'esclavage.

Ce que je vous ai dit, mes amis, du travail de l'esclave, peut s'appliquer à un autre genre de servitude, la corvée, qui a été le régime légal du travail dans notre pays, au temps de la féodalité, alors que le travail était considéré comme une cause d'avilissement. La corvée consistait en ceci : le seigneur pouvait exiger de ses vassaux des travaux manuels pour l'exploitation de ses domaines, pendant un certain temps ou à certaines époques déterminées. Eh bien, il est prouvé que les travaux de corvée étaient très peu productifs, et qu'ils l'ont été bien moins encore, quand le seigneur féodal n'a plus eu le droit d'infliger des châtiments corporels ; et pourquoi ? c'est parce que le corvéable n'avait pas plus que l'esclave dont je vous parlais tout à l'heure, un intérêt personnel au travail accompli par lui.

La Révolution de 1789 a fait disparaître à jamais la corvée, cette sorte de servitude personnelle, avec beaucoup d'autres abus, nés, comme autrefois l'esclavage, d'une conquête : celle de la Gaule par les Franks.

On trouve dans le code civil (c'est ainsi qu'on nomme l'ensemble des lois qui régissent la situation civile des individus en France), deux articles qui marquent bien la ferme volonté qu'avaient les législateurs du commencement de ce siècle, de ne pas laisser renaître dans notre pays, sous quelque prétexte et sous quelque forme que ce fût, les abus de ce genre détruits par la Révolution. L'un de ces articles porte : « Tout Français jouira des droits civils », et le premier de ces droits, c'est la liberté ; l'autre qui permet aux propriétaires d'établir sur leurs propriétés, ou en faveur de leurs propriétés, telles servitudes que bon leur semble, défend absolument d'en établir qui seraient imposées à une personne, ou en faveur d'une personne, et stipule expressément qu'elles ne sont autorisées que sur un fonds et pour un fonds.

Ainsi, mes amis, la liberté individuelle est aujourd'hui définitivement assurée, et voici l'un des principaux effets de cette liberté : c'est que les travailleurs, j'entends ainsi désigner tous les hommes, produisent plus et mieux que dans les temps et les pays où régnaient l'esclavage, la corvée et autres servitudes personnelles. La raison, je vous l'ai déjà donnée : c'est que le travailleur libre a un intérêt personnel à son travail ; il sait qu'il aura sa part des profits et même de l'honneur qui en résulteront, il sait qu'il y trouvera les moyens d'assurer et même d'améliorer non seulement sa propre existence, mais celle de sa famille.

L'esclave n'a pas de semblables préoccupations, car il n'a pas de famille, et, personnellement, il a sa pitance assurée ; il est en toutes choses au rang des animaux ; il n'a pas d'enfants, il n'a que des petits que le maître lui enlève, quand et comme il lui plait, pour les garder ou les vendre !

C'est donc dans le sens le plus élevé du mot qu'il faut entendre ce que je dis de l'intérêt personnel, et il faut bien se garder de rabaisser ce noble sentiment aux proportions d'un vulgaire égoïsme.

Non, mes amis, il n'y a pas lieu de parler d'égoïsme, en présence de ce fait : que dans la société humaine, les besoins de tous arrivent à être de mieux en mieux satisfaits, grâce à l'intérêt personnel de chacun, grâce aux efforts que chacun fait sous l'impulsion de cet intérêt !

X. — La liberté du travail *(suite)*.

C'est encore sur la liberté du travail, mes amis, que roulera notre entretien d'aujourd'hui.

Je vous ai expliqué comment se trouvait assurée à notre époque, la liberté individuelle de chacun, et vous avez vu que nul ne peut être assujetti à un autre, de façon à ce que les produits de son propre travail soient attribués, non pas à lui-même, mais à cet autre.

C'est beaucoup, mais cela suffit-il? Ne faut-il pas aussi que chacun soit libre de faire le travail qui convient le mieux à ses forces physiques, à ses aptitudes intellectuelles, à ses goûts, je dirai même à ses idées du moment? En un mot, à côté de la liberté qui consiste à travailler pour soi-même, n'est-il pas indispensable, dans une société bien organisée, que chacun ait la liberté de se livrer à telle occupation plutôt qu'à telle autre, à ses risques et périls?

Cela vous paraît évident, et vous auriez certainement beaucoup de peine à croire que cette liberté-là eût pu jamais être méconnue. Elle l'a été cependant, et c'est encore là un des nombreux abus que la Révolution de 1789 a fait disparaître.

Avant cette époque, les privilèges florissaient dans toutes les parties de la société, dans l'industrie comme dans tout le reste, et la loi les protégeait, au grand détriment du bien-être de tous.

Je vais essayer de vous faire comprendre comment ont pu naître et durer de pareilles violations de la justice et du droit, et en quoi elles consistaient.

Au moyen âge, les artisans avaient un réel besoin

d'être défendus contre les vexations de toutes sortes auxquelles ils étaient exposés. Ils s'unirent dans chaque corps de métiers, sachant bien que, formés en faisceau, ils soutiendraient mieux leurs droits que s'ils continuaient à se défendre isolément.

C'était parfaitement légitime, mais ils ne se contentèrent pas d'avoir protégé leur liberté, ils voulurent empiéter sur la liberté des autres, et, profitant des besoins d'argent de nos rois, ils achetèrent le droit de se constituer en *corporations* dont les membres auraient le privilège d'exercer seuls leur métier et pourraient l'interdire à tous les autres hommes.

Peu à peu, la réglementation la plus étroite enserra de mille liens la production tout entière. Les corporations, qui prenaient aussi le nom de *jurandes*, comprenaient, outre les *jurats* ou *syndics*, chargés d'exercer une sorte de juridiction sur tous les membres associés, trois classes de personnes : les maîtres, les compagnons et les apprentis.

Le nombre des apprentis qui pouvait recevoir un artisan était fixé pour chaque profession ; on avait également déterminé l'âge auquel un enfant pouvait entrer en apprentissage, et le temps qu'il y devait rester, soit pour se perfectionner dans la pratique de son métier, soit pour s'acquitter envers son maître.

On appelait compagnons les ouvriers qui avaient terminé leur apprentissage, et remarquez que très souvent ils avaient dû payer pour entrer à ce titre dans la corporation.

Les maîtres étaient ceux qui avaient, comme on disait, obtenu *la maîtrise*, et ne devenait pas maître qui voulait! Un apprenti qui avait fait convenablement son éducation professionnelle, pouvait devenir compagnon, mais patron, presque jamais! Comme le nombre des maîtres était fixé par les règlements, il fallait, pour qu'un nouveau maître fût admis, d'abord qu'il se fît une vacance, ensuite que le compagnon qui demandait la maîtrise, eût fait *le chef-d'œuvre*, c'est-à-dire un travail, toujours coûteux et souvent inutile, qui était soumis à l'appréciation plus ou moins impartiale des jurats ou syndics, et enfin, qu'il payât, pour son entrée dans la maîtrise, une somme d'argent. J'ajoute que le fils d'un maître avait toujours le privilège d'être préféré à un compagnon, si habile que fût celui-ci !

Si encore il avait été possible de ne pas s'affilier à un corps de métiers, le mal eût été moins grand. Mais cette possibilité n'existait pas : pour exercer un métier quelconque, fût-ce le plus modeste des métiers, il fallait que l'artisan subît toutes les exigences de la corporation à laquelle le rattachait, bon gré mal gré, sa profession ; et il s'en trouvait dans le nombre qui étaient véritablement puériles, et desquelles on rirait volontiers, si le résultat final de cette organisation n'avait pas été la misère à l'état permanent pour le plus grand nombre des hommes.

Quand un compagnon ou un fils de maître avait obtenu la maîtrise, c'était seulement pour un métier et pour une ville ; il n'était pas permis à un tisserand, par exemple, d'exercer son métier à Versailles, s'il avait été reçu maître à Paris ; il était également défendu, sous les peines les plus sévères, de changer d'industrie dans les moments de chômage, et Dieu sait si les industries étaient parquées dans des limites étroites ! Ainsi, les fabricants de fortes chaussures pour l'hiver formaient une corporation, et ceux qui confectionnaient les chaussures plus légères dont on se sert en été, en formaient une autre, très distincte de la première ; en sorte que ceux qui avaient du travail en hiver mouraient de faim en été, et réciproquement ; et remarquez bien que, même en cas de presse, il n'était pas permis aux uns d'appeler les autres à leur aide : c'était absolument prohibé par les règlements.

Autres exemples : les rôtisseurs de viandes de boucherie, bœuf ou mouton, n'avaient pas le droit de faire rôtir les volailles, qui étaient du domaine d'une autre corporation ; la profession de charcutier était partagée entre deux groupes, celui des marchands de saucisses et celui des marchands de boudins ; les cabaretiers pouvaient vendre du vin, pourvu que ce vin ne fût pas en bouteilles, mais en brocs ; les fripiers ne devaient pas vendre des habits neufs, et les tailleurs ne devaient pas en vendre qui eussent été déjà portés ; les menuisiers n'avaient pas le droit de donner eux-mêmes aux meubles qu'ils fabriquaient, la couleur ou le vernis qui les rend agréables à l'œil et les protège contre l'usure du temps : ce travail était réservé à une autre corporation.

J'arrête ici, mes amis, cette longue énumération ; elle serait d'ailleurs interminable, si j'essayais de la faire complète. Les exemples que je viens de vous donner doivent suffire pour vous faire comprendre ce qu'était ce système, basé sur ce qu'on nomme *le monopole*, le système contraire ayant pour base *la concurrence*.

Le monopole et la concurrence devront être étudiés par nous à des points de vue divers, et j'aurai l'occasion de revenir sur leurs effets, lorsque je vous parlerai de la distribution des richesses. Mais comme leur action se fait vivement sentir en mal ou en bien dans la production, qui est l'objet de nos études actuelles, il est nécessaire que je n'abandonne pas le sujet très intéressant de la liberté du travail, sans vous avoir montré quelques-unes des funestes conséquences du monopole organisé dans toutes les professions par les anciens règlements. Je vous en parlerai donc encore une fois dans notre prochaine réunion.

XI. — La liberté du travail (suite).

Je vous ai promis, mes amis, de vous indiquer quelques-uns des graves inconvénients qui résultaient de l'ancienne réglementation de l'industrie.

Le premier de ces inconvénients consistait dans la multiplicité des procès. Vous vous souvenez que celui qui exerçait un métier n'en pouvait sortir, parce que le privilège de la corporation à laquelle il appartenait, heurtait le privilège d'une autre corporation. Or, il y a des industries qui se ressemblent tellement que les empiètements sont très faciles de l'une à l'autre, on peut même dire qu'ils sont très difficiles à éviter. Rappelez-vous quelques-uns des exemples que je vous ai donnés: la distinction entre les chaussures d'hiver et les chaussures d'été, la séparation entre les saucisses et les boudins, etc. Eh bien, il n'était pas rare de voir des procès s'engager entre deux corporations, l'une prétendant que l'autre dépassait la limite fixée par les règlements et se livrait à un travail qui était réservé à elle-même.

On cite souvent à ce sujet un curieux procès qui s'engagea entre les cordonniers et les savetiers, et que l'on pourrait croire inventé pour rendre odieuse et ridicule l'ancienne réglementation.

Les cordonniers, ceux de l'hiver comme ceux de l'été, étant unis pour la circonstance, appelèrent devant la justice les savetiers, sous le prétexte que ceux-ci ne se bornaient pas à raccommoder les souliers, mais qu'ils en faisaient de neufs. En vain les savetiers objectaient-ils que les chaussures neuves, par eux fabriquées, étaient en très petit nombre, qu'elles n'étaient pas mises en vente, mais qu'elles étaient réservées uniquement à leur propre usage et à celui de leurs femmes ou de leurs enfants, et qu'il serait bien dur pour eux d'être forcés d'acheter ce qu'ils pouvaient si facilement faire, sans nuire autrement aux corporations plaignantes : rien n'y fit, ils perdirent leur procès, non sans avoir dépensé beaucoup d'argent, et ils furent obligés d'acheter désormais chez leurs rivaux des chaussures neuves, quand la réparation des anciennes n'était plus possible.

On cite encore quelques autres procès plus ou moins singuliers, mais il est inutile de vous en entretenir plus longuement ; je me bornerai donc à vous dire qu'un litige engagé entre les tailleurs et les fripiers, sur la même question, vente du vieux et du neuf, dura trois cents ans, et que, chaque année, des sommes énormes étaient dépensées en frais de justice par les corporations jalouses les unes des autres !

Le second inconvénient grave qu'on peut reprocher à la réglementation, c'est qu'elle rendait presque impossibles les progrès de l'industrie, parce que, sous le vain prétexte d'assurer la bonté des produits et de conserver au commerce français sa bonne renommée, on empêchait toute invention nouvelle et l'on défendait de s'écarter des procédés en usage, même pour les améliorer.

Les inventeurs étaient traités comme des criminels, coupables de faire une concurrence déloyale aux corporations privilégiées, et l'on en vit quelques-uns qui furent condamnés aux peines les plus sévères pour de tels méfaits !

Vous croyez peut-être qu'il s'agissait d'inventions que l'ignorance de ce temps-là eût pu qualifier de diaboliques telles que les applications, si belles et si variées, qu'on fait à notre époque de la force de la vapeur et de celle de l'électricité? Non, mes amis, et vous n'avez qu'à regarder autour de vous et sur vous-mêmes, pour trouver les objets de ces injustes et cruelles persécutions : vous, mesdemoiselles, qui portez quelquefois en été des robes d'indiennes (ou toiles peintes), et qui vous trouvez ainsi habillées fraichement et économiquement tout ensemble, voulez-vous savoir ce qui arriva à celui qui avait imaginé de produire des toiles peintes, aussi chères alors, sinon plus chères que les étoffes de laine, mais beaucoup moins coûteuses aujourd'hui? il fut condamné aux galères, et l'on permit aux agents de la force publique de dépouiller de leur robe les femmes qui seraient vêtues d'indienne! Et vous, jeunes gens, croyez-vous facilement qu'on ait puni l'invention des boutons recouverts en étoffe qui sont à votre veste ou à votre gilet? Eh bien, mes amis, on en poursuivit avec acharnement l'auteur, qui reçut défense absolue de continuer la fabrication de ses boutons, parce qu'ils faisaient du tort aux boutons de nacre ou de métal, et les gardes eurent l'ordre de couper les boutons d'étoffe sur les habits de ceux qui oseraient en porter dans la rue!

L'inventeur des chapeaux de soie, celui des lampes à mèche circulaire qui ont si avantageusement remplacé les lampes fumeuses d'autrefois (*Argand*, privé, au profit du pharmacien *Quinquet*, du droit de baptiser son invention, comme Christophe Colomb l'avait été, au profit d'Améric Vespuce, du droit de donner son nom au Nouveau-Monde découvert par lui!) ces deux inventeurs, aussi bien que celui des papiers peints qui donnent un air de fête à l'appartement modeste de l'ouvrier; tous ont été également persécutés par des corporations qui se trouvaient lésées, et s'ils ont pu éviter la ruine et les galères, c'est parce qu'ils ont eu assez de bonheur ou d'influence pour être en mesure d'opposer au privilège général d'une corporation un privilège particulier obtenu du gouvernement, souvent à grand'peine et toujours moyennant beaucoup d'argent ; ce qui revient à dire qu'ils ont répondu à une injustice par une autre injustice et au monopole ancien par un monopole nouveau.

Un troisième inconvénient résultait des entraves mises ainsi au travail : c'était de fausser complètement l'esprit de la population, qui s'habituait à prendre un bien pour un mal et à s'indigner de ce qui devait lui être le plus utile, ce qui arriva à Réveillon, l'inventeur des papiers peints dont je viens de vous parler, en est la preuve.

Un peu avant la Révolution de 1789, on profita de quelques troubles pour détruire la fabrique de cet industriel, située à Paris, dans le faubourg Saint-Antoine, sous le prétexte que l'invention des papiers peints allait ruiner les tapissiers, les graveurs, etc. ! Elle ne devait ruiner personne, car les papiers peints n'étaient pas destinés à remplacer du jour au lendemain les riches tentures des habitations luxueuses ; ils devaient surtout servir à orner et à rendre plus salubres des murs qu'on ne faisait auparavant que blanchir à la chaux, les murs mêmes des logements de ceux qui commettaient un tel acte de vandalisme !

Enfin, la dernière et la plus funeste conséquence de l'ancienne organisation du travail était de contribuer pour une forte part à la misère du peuple. Les inconvénients résultant du monopole se joignaient, pour les décupler, à ceux qu'engendrait le défaut de routes et de moyens de transport : la misère était à l'état permanent dans le pays tout entier, livré périodiquement, c'est-à-dire tous les cinq ou six ans, à des famines épouvantables, dans lesquelles les indigents périssaient par milliers, et les indigents, mes amis, c'étaient alors les neuf dixièmes de la population! Je n'exagère rien, je me borne à citer les déclarations d'un illustre capitaine du temps de Louis XIV, de Vauban, qui assurait que sur dix Français, un seul n'était pas réduit à mendier pour soutenir son existence! D'où venait cette situation épouvantable? De ce que la réglementation empêchait la plupart des hommes de se livrer au travail qui leur eût donné les moyens de vivre, toute espèce de travail étant réservée à quelques privilégiés; de ce que tous ces privilégiés, étant assurés d'écouler les produits de leur fabrication, n'avaient nul besoin de contenter le consommateur, obligé de venir à eux et de subir leur loi au lieu de leur imposer la sienne; de ce que, avec un pareil système, la vie à bon marché était impossible, même en cas de bonnes récoltes: qu'était-ce donc en cas de disette!

Cependant à chaque famine nouvelle, on resserrait les liens qui enchaînaient la liberté des citoyens, on recourait à de nouvelles réglementations, sans s'apercevoir que ce système était, non le remède à apporter au mal, mais la cause même du mal; la famine revenait plus tôt et elle était toujours de plus en plus meurtrière: on a vu, plusieurs fois dans le XVIII° siècle, la plupart des Français, nos arrière-grands-pères, mes amis! réduits à manger de l'herbe ou du pain de fougère!

Le remède était dans la liberté du travail; un grand ministre, Turgot, essaya de réformer les abus, il fit abolir les privilèges et les corvées; mais les privilégiés mécontents réussirent à le renverser, et le système ancien fut plus que jamais puissant. Enfin la Révolution fonda définitivement ce que Turgot n'avait pu établir que pour un moment : *la liberté du travail* fut décrétée en 1791, et depuis lors, grâce à cette liberté qui fortifie les âmes et tient l'intelligence en éveil, grâce à l'égalité des droits de tous, l'agriculture a quintuplé ses produits, l'industrie a décuplé les siens, le commerce a trouvé les moyens de porter rapidement les uns et les autres des contrées où ils abondent aux contrées où ils font défaut, et les famines sont devenues impossibles : notre pays a vu, dans ce siècle comme dans les siècles précédents, des années de stérilité, mais pas une seule famine, et nous avons pu traverser ces temps d'épreuve, sinon sans nous en apercevoir, au moins sans en souffrir de trop grands dommages.

En même temps que nos richesses s'accroissaient, et par un effet naturel de cet accroissement, le nombre des pauvres diminuait de jour en jour, et la durée moyenne de la vie humaine s'élevait en un siècle de 27 à 45 ans !

Et ces progrès magnifiques qui ne tendent qu'à s'accentuer de plus en plus, rappelez-vous, mes amis, qu'ils sont, en grande partie, dus à ceci : que chacun en France a aujourd'hui le droit de choisir sa profession, d'en changer quand il lui plaît, de travailler comme il l'entend, sous la seule condition qu'il ne violera pas la justice, c'est-à-dire que la liberté dont il use s'arrêtera là où commence la liberté des autres.

XII. — Le capital

Mes amis, le travail, si parfaite que soit son organisation, serait absolument stérile, s'il n'avait pas le capital pour auxiliaire. C'est pourquoi je vous ai dit que le capital était le deuxième élément indispensable de toute production ; je compte vous en fournir bientôt la preuve, mais il faut tout d'abord savoir ce qu'on entend par ce mot : *capital*.

Il a pour origine un mot latin qui veut dire *tête,* parce qu'on s'en servait uniquement, dans le principe, pour désigner l'ensemble des animaux qu'un propriétaire plaçait sur un fonds de terre pour l'exploitation de ce fonds et que l'usage était de compter par têtes.

La langue française ayant, avec le temps, subi certaines modifications, on désigne maintenant l'ensemble de ces animaux par le mot *cheptel,* qui a d'ailleurs la même origine que le mot *capital.*

Pour ce qui est de cette dernière expression, elle a aujourd'hui un sens très restreint dans la conversation ordinaire, et un sens très étendu dans le langage de la science économique.

Quand vous entendez dire que tel homme est un capitaliste, ou que tel homme a un capital dont les profits le font vivre, cela signifie qu'il possède une somme d'argent plus ou moins considérable.

Dans la langue de l'économie politique, le capital peut être assurément une somme d'argent, mais il peut être toute autre chose.

Le capital consiste, en effet, d'une façon générale, dans une certaine portion des produits d'un travail antérieur, qui a été épargnée pour être appliquée à une nouvelle production, et qui vient augmenter les moyens physiques ou intellectuels des travailleurs.

Or, ces produits d'un travail antérieur peuvent être de natures très diverses.

Je suppose qu'un industriel emprunte 20,000 francs pour donner plus d'activité à son usine ; cette somme est du capital-argent. Je suppose qu'au moyen de ces

20,000 francs, il se procure une machine à vapeur ; il substitue alors au capital-argent le capital-machine.

Enfin, je suppose qu'il achète, pour les besoins de sa fabrication, des matières destinées à être transformées dans ses ateliers ; il aura un capital-matières-premières. En résumé, toute valeur employée à la production est un capital.

Bien que j'évite autant que possible de meubler votre mémoire d'expressions techniques, qui souvent ne sont pas nécessaires à l'intelligence des choses, je dois aujourd'hui employer quelques-unes de ces expressions et appeler votre attention sur une distinction importante que l'on fait entre les diverses espèces de capitaux.

On distingue en effet *le capital fixe* et *le capital circulant*.

Le capital fixe est celui qui dure et sert à la production pendant une longue période de temps.

Le capital circulant est celui qu'on est obligé de renouveler après chaque production, pour se livrer à une production nouvelle ; on l'appelle quelquefois *fonds de roulement*.

Quelques exemples vous feront aisément comprendre ces deux définitions un peu abstraites, je les prendrai alternativement dans les trois groupes de production matérielle que vous connaissez, l'agriculture, l'industrie et le commerce.

Voici un agriculteur qui exploite une ferme, il y récolte des céréales et y prépare des bestiaux pour la boucherie ; où est le capital fixe qui aide à cette double production ? il réside dans la terre même : c'est le champ où pousse le blé et c'est le pré où s'engraisse le bœuf ; et le capital circulant, où le trouvons-nous ? Nous le trouvons dans la semence qui a été confiée au champ pour se changer en epis, et dans le bœuf qui a été envoyé au pré pour en brouter l'herbe.

Rendons-nous maintenant chez un industriel, petit ou grand, peu importe. Où réside le capital fixe d'un tisserand? dans le métier au moyen duquel il fabrique de la toile; et le capital circulant? dans la matière première qu'il transforme en toile, c'est-à-dire dans le fil acheté par lui chez un autre industriel, qui lui-même a transformé du lin en fil et qui, lui aussi, a un capital fixe et un capital circulant: son capital fixe se compose de ses ateliers, de ses métiers, de ses machines à vapeur; et son capital circulant comprend le lin dont il fait du fil, le charbon qui alimente ses machines et le salaire qu'il paye à ses ouvriers.

Entrons enfin chez un commerçant, que nous supposerons épicier. Le capital fixe de ce commerçant, c'est son magasin, son comptoir, ses balances, etc., et dans son capital circulant on peut faire entrer, d'abord, les balles de café, les pains de sucre, les fûts d'huile, en un mot, toutes les marchandises qu'il se propose de vendre en détail aux consommateurs, et ensuite, les sommes d'argent au moyen desquelles il paye les achats qu'il a effectués, et dont il est obligé de faire l'avance, afin de mettre, en quantité suffisante, à la portée de ces consommateurs, les objets dont ils peuvent avoir besoin.

Passons maintenant à cette production, plus intellectuelle que matérielle, à laquelle se livrent les savants, les artistes, les littérateurs, les médecins, les avocats, les professeurs; où trouverons-nous leur capital fixe? Dans leur intelligence, fortifiée par l'instruction, dans le talent qu'ils ont acquis par un labeur incessant, dans le génie même que la nature a donné à quelques-uns d'entre eux, pour en faire les flambeaux de l'humanité. Il est aussi dans leurs livres, dans leurs laboratoires, dans leur palette et leur ébauchoir.

Et leur capital circulant, où est-il? Il est dans la toile et les couleurs nécessaires à la confection de leurs tableaux, dans le plâtre ou le marbre de leurs statues, dans le papier, les plumes et l'encre dont ils se servent pour écrire leurs ouvrages?

Les exemples que je viens de vous donner, mes amis, doivent vous permettre de faire très facilement, dans toute espèce de production, la distinction du capital fixe et du capital circulant. Il ne s'agit, en effet, que de rechercher si l'on peut user d'un capital pour plusieurs productions successives ou pour une seule.

Si donc vous entrez chez un cordonnier, vous ne serez pas embarrassés pour dire, en montrant son pied-de-fer et ses alènes : voici le capital fixe, et en montrant le cuir, les clous ou le ligneul qui entrent dans la confection des chaussures : voilà le capital circulant. En effet, avec ses outils de toutes sortes, ce cordonnier fera peut-être mille paires de souliers, tandis que le cuir, le ligneul, les clous, qui ont servi à faire un soulier, ne peuvent servir à en faire un autre.

Le principal caractère du capital fixe n'est pas la fixité matérielle, l'immobilité, comme on pourrait le croire en jouant sur les mots : qu'y a-t-il de moins fixe en ce sens qu'une voiture? existe-t-il un objet qui semble devoir être, plus que celui-là, classé parmi les capitaux circulants, puisque sa raison d'être est de *circuler* par les chemins? Cependant une voiture constitue le plus souvent un capital fixe, et elle n'est du capital circulant que chez le carrossier ou le charron qui l'a fabriquée et qui cherche à la vendre, pour, avec le prix, en fabriquer une autre. Chez un agriculteur, la charrette est un capital fixe; il en est de même de la voiture de celui qui fait le métier de conduire des voyageurs moyennant une rétribution, et aussi de la voiture du médecin qui a besoin d'un moyen de transport rapide pour visiter dans la même journée des malades, logés souvent dans des villages éloignés les uns des autres.

Si le principal caractère du capital fixe n'est pas la fixité prise dans le sens d'immobilité, quel est-il donc? C'est, je le répète, l'application possible à des productions successives et réitérées, de façon que la dépense résultant de la constitution du capital fixe se répartisse sur plusieurs années, et qu'elle entre dans l'évaluation de chacun des produits obtenus pour une portion très minime; bien que je doive traiter plus amplement ce sujet par la suite, je me hâte de vous dire que cette portion sera d'autant plus petite que la durée du capital fixe aura été plus longue, en d'autres termes, que le prix de revient des produits s'abaisse au fur et à mesure que s'accroît la puissance du capital fixe.

C'est même là ce qui fait toute l'importance de la distinction des capitaux en capital fixe et capital circulant.

XIII. — Le capital *(suite)*.

Si vous avez retenu, mes amis, les explications que je vous ai données dans notre dernière réunion sur la nature du capital, il vous sera facile de reconnaître son absolue nécessité dans toute espèce de production, et de comprendre que, sans le concours du capital, le travail serait, ainsi que je vous l'ai dit, tout à fait stérile.

En général, l'homme a une force physique moindre que celle des animaux sauvages de grande taille : ses ongles n'ont pas la rigidité de ceux des bêtes féroces, sa mâchoire est moins vigoureuse que la leur, etc. Aussi ne pourrait-il, comme eux, creuser la terre avec ses ongles ou utiliser ses dents de différentes façons, en revanche, il a ce que n'ont pas ces animaux, il a des mains pourvues de doigts souples et agiles et d'un pouce opposable, et surtout il a l'intelligence; grâce à ce don divin, il peut créer pour son usage des auxiliaires qui augmentent sa puissance, il peut créer *des outils.* Or, un outil, c'est un capital, et vous savez pourquoi : c'est parce qu'un outil est toujours le produit d'un travail antérieur qui est appliqué à un travail nouveau et pour une production nouvelle.

Je vais essayer de vous rendre plus claire encore cette démonstration.

Prenons pour exemple l'homme des temps primitifs, tel que les progrès de la science géologique l'ont fait connaître.

Il n'avait pas encore appris à dominer les forces de la nature, à apprécier les ressources inépuisables qu'elle lui offre si généreusement; comment pouvait-il vivre? C'était nécessairement en travaillant, et le travail auquel il se livrait ne pouvait être autre chose que la récolte des fruits, la chasse et la pêche. Mais dès le premier jour que cet homme a essayé de cueillir un fruit sur un arbre élevé, d'attraper un oiseau au vol ou bien un quadrupède à la course, de saisir avec ses mains un poisson dans la rivière, il a dû reconnaître que ses efforts étaient impuissants et que, malgré un travail extrêmement rude, il était menacé de mourir de faim. Qu'a-t-il fait alors? Il s'est servi de son intelligence, il a cherché et ramassé à terre une pierre qui paraissait devoir convenir à ses desseins, et il l'a frottée longtemps sur une autre pierre, de façon à rendre coupante l'une de ses arêtes. Ça été là le premier outil de l'homme,

autrement dit, mes amis, son premier capital. Cette pierre
polie n'était-elle pas le produit d'un travail antérieur que
l'homme se proposait de donner pour auxiliaire à un travail nouveau ? Voyons maintenant ce qu'a pu être ce travail
nouveau ; avec sa pierre polie, il a coupé une branche
d'arbre qui lui a servi pour divers usages : d'abord il a fait
tomber, au moyen de cette branche, les fruits qu'il ne pouvait cueillir auparavant, ensuite il l'a courbée et en a retenu
les deux extrémités, ainsi rapprochées l'une de l'autre par
un effort violent, en les réunissant par une sorte de corde
faite avec une liane quelconque : il a eu dès lors un arc,
les flèches ont été bientôt faites, et il s'est trouvé en possession d'un nouvel outil, grâce auquel il a pu tuer dans
leur course ou dans leur vol les animaux nécessaires à sa
nourriture. Pour la pêche, il a procédé d'une façon analogue : il s'est fabriqué une ligne dont un os d'oiseau est
devenu l'hameçon, des filets, etc. Notre homme s'est alors
trouvé très riche, comparativement à ce qu'il était avant la
confection de ces divers outils; son travail a commencé à
être fécond, parce qu'il y associait un capital, c'est-à-dire
les outils qu'il avait faits. C'était bien en effet des capitaux,
puisque, — je le répète encore une fois à dessein, — ils
étaient les produits d'un travail antérieur, épargnés par lui
pour être appliqués à une production nouvelle.

Comme je veux détruire entièrement dans votre esprit
la pensée que le capital peut n'être pas indispensable et
que le travail a pu quelquefois se passer de son concours,
je vais prendre un autre exemple, celui du héros d'un
conte fort intéressant que vous avez probablement tous lu,
Robinson Crusoé. Des enfants qui auraient l'habitude de
parler sans réfléchir (j'espère, mes amis, qu'aucun de
vous n'est de ce nombre), pourraient être tentés de dire :

« Robinson est jeté par la tempête presque nu sur une île déserte, il n'a donc pas de capital, et cependant il se tire d'affaire par son travail; on peut donc se passer de capital. » A ceci je répondrai que Robinson avait un capital et que ce capital était très considérable : c'était le vaisseau qui avait fait naufrage et qu'un heureux coup de mer avait même eu la complaisance de rapprocher du rivage, dès la première nuit, assez pour que Robinson pût le rejoindre à la nage, et en rapporter en abondance, au moyen d'un radeau, des outils, du fer, des armes à feu, de la poudre et du plomb. Bien plus, l'auteur a pris le soin de mettre un couteau dans la poche du pantalon de son héros, qui s'en sert pour couper un bâton court avec lequel il peut se défendre contre les bêtes féroces, pendant cette première nuit qu'il passe couché dans un arbre! Or, vous savez de quelle importance peut être un couteau; quel magnifique capital eût été ce couteau pour l'homme primitif qui n'avait à sa disposition qu'une pierre polie par lui à grand'peine! Robinson avait donc un capital très important, qui a fait fructifier son travail, et sans lequel il fût mort de faim et de misère au bout de très peu de jours! Robinson avait encore un autre avantage sur l'homme primitif, sur ce sauvage dont je vous ai dit les premiers travaux; il sortait d'un pays civilisé où, malgré la paresse dont il s'accuse lui-même au début de son récit et dont il se repent trop tard, il avait appris beaucoup de choses. Il avait vu les hommes travailler autour de lui, avec les outils de toutes sortes inventés par ceux qui les avaient précédés sur la terre et perfectionnés par eux-mêmes, et le souvenir de ce qu'il avait vu composait ce qu'on peut appeler son *capital intellectuel;* et ce capital-là, mes amis, n'était pas celui qui lui était le moins utile.

Vous en aurez la preuve, quand je vous montrerai le rôle considérable de l'intelligence dans la production des richesses.

Pour aujourd'hui, contentons-nous de faire une revue rapide des principales formes qu'affecte dans toute espèce d'opérations tendant à la production, cette partie des produits déjà obtenus que l'homme économise pour la faire servir à une production nouvelle et qui s'appelle le capital.

Nous trouvons d'abord ce qu'on nomme quelquefois *les agents naturels de la production*. Le plus important de ces agents est le sol même de la terre, autrement dit, les champs, les prés, etc.; l'homme est parvenu à les approprier à son usage d'une façon si étroite qu'il en a fait des capitaux. On pourrait presque dire qu'il a aussi capitalisé l'eau, l'air et le feu, car il les a asservis par les barrages et les chutes d'eau ménagés pour les usines, par les ailes des moulins bâtis sur les lieux élevés et par les voiles des navires, par les machines à vapeur enfin.

Je ne crois pas qu'on puisse taxer d'exagération la pensée que l'homme a su capitaliser le feu, aussi bien que l'air et l'eau, lorsque l'on voit briller dans la nuit ces hauts-fourneaux où le minerai se transforme en fonte de fer, et que l'on songe à l'importance qu'il y a à ne jamais laisser s'éteindre leur foyer !

La terre est la forme la plus apparente du capital, et elle remplit le premier rôle dans la production agricole; c'est la terre en effet qui donne lieu au travail de l'agriculture, lequel n'aurait pas de raison d'être sans elle; mais il s'en faut de beaucoup qu'elle constitue à elle seule le capital, car nous le trouvons associé au travail dans toutes les productions.

Sans doute son importance est plus ou moins grande selon les époques, selon les pays et selon la nature de la production. Ainsi, elle est plus grande aujourd'hui qu'au temps de l'homme primitif, elle est plus grande chez les peuples civilisés que chez les sauvages, et enfin elle est plus grande chez un fabricant qui livre chaque année au commerce cent mille paires de chaussures que chez le cordonnier de village qui en fait cent paires; chez celui-ci le capital se manifeste sous la forme des outils les plus simples, et chez celui-là sous celle de puissantes machines, mues le plus souvent par la vapeur.

Le capital d'un grand négociant peut se composer d'une grosse somme d'argent destinée à l'achat chez les industriels des objets qu'il revend, il peut être aussi constitué par une flotte de navires qui parcourent toutes les mers pour transporter les produits d'une contrée dans une autre contrée qui en a besoin.

Le capital d'un petit commerçant pourra également comprendre de l'argent, mais la somme sera certainement moins forte, et celui d'un modeste pêcheur résidera presque tout entier dans une simple barque.

Pour tous ces cas-là, mes amis, et, comme ce ne sont que des exemples, vous pouvez dire pour tous les cas, aucune production ne serait possible sans le concours du travail et du capital: le travail sans l'aide du capital est stérile, et le capital que le travail ne fait point fructifier, devient inutile et ne tarde pas à se détruire; de plus, vous savez que le capital n'est pas autre chose que du travail accumulé par une sage prévoyance; à ces divers titres, il mérite donc, au moins autant que le travail, le respect et la reconnaissance de tous.

XIV. — Les machines

Lorsque je vous ai appris, mes amis, à distinguer le capital fixe du capital circulant, j'ai émis cette assertion, que le prix de revient des produits s'abaisse au fur et à mesure que s'accroît la puissance du capital fixe. Le moment me paraît venu de vous en donner la preuve, et pour cela, je dois d'abord vous montrer le rôle immense des *machines* dans la production des richesses, et vous faire ensuite toucher du doigt, pour ainsi dire, leur influence heureuse au point de vue du bon marché des produits et, par suite, du bien-être de tous.

L'outil, ce complément nécessaire de la main de l'homme, doit être, vous le savez, classé parmi les capitaux fixes; la machine est aussi un capital fixe, car elle n'est pas autre chose qu'un outil perfectionné.

Je n'en donnerai pour preuve que la réponse, si énergique et si pittoresque dans sa simplicité, qu'un ouvrier anglais fit un jour à ceux qui lui demandaient une définition des machines : « *Les machines, dit-il, c'est tout ce qui, en plus des ongles et des dents, sert à l'homme pour travailler.* »

Donc, l'outil et la machine, c'est tout un, au fond.

Cependant les différences sont sensibles entre l'outil et la machine, et c'est avec raison que le langage usuel se sert, pour les désigner, de deux mots différents.

L'outil est destiné au travail isolé d'un seul individu, son prix est rarement assez élevé pour qu'un ouvrier soit dans l'impossibilité d'en faire l'acquisition.

La machine au contraire occupe plusieurs ouvriers à la

fois, son installation exige le plus souvent des sommes considérables, et, conséquemment, elle ne peut être utilisée que par les grands industriels dont le nombre est forcément restreint.

Quel est le but de la machine? c'est de remplacer l'effort personnel de l'homme par l'action des forces mécaniques, et de faire à elle seule l'œuvre d'un grand nombre d'ouvriers.

Il est dans la nature humaine, mes amis, de toujours rechercher le progrès, de substituer à ce qui est mal ce qui est bien, et à ce qui est bien ce qui est mieux (à ce sujet, laissez-moi vous dire, en passant, qu'il n'y a rien de plus dangereux que ce proverbe mal compris: « le mieux est l'ennemi du bien », car il est trop souvent invoqué pour excuser la paresse et l'indifférence).

L'homme qui fait toujours le même travail songe à le rendre plus facile et plus productif; comme le jeune Potter dont je vous ai raconté l'histoire, il perfectionne les instruments dont il se sert, et de perfectionnements en perfectionnements, il arrive à inventer une machine qui fournit dans le même temps plusieurs centaines et même plusieurs milliers de fois l'objet que ses mains ne produisaient qu'une seule fois au prix de fatigues et de soins excessifs.

Quelques exemples sont ici nécessaires.

Voici une masse de 800,000 kilogrammes de marchandises à transporter d'une ville dans une autre; supposons que cette masse puisse être divisée et qu'on ait recours pour ce transport au travail de l'homme.

Comme un homme de force moyenne peut porter sur son dos 40 kilogrammes, il faudra, pour transporter ces marchandises, 20,000 hommes, toute une armée de colporteurs, ou bien 20,000 voyages d'un seul homme, d'un seul de ces colporteurs, ainsi appelés parce qu'ils *portent au col* leur fardeau.

Remplaçons l'homme par le cheval qui peut porter sur son dos 200 kilogrammes, il nous faudra 4,000 chevaux ou 4,000 voyages d'un seul cheval, soit cinq fois moins qu'avec un homme, parce que l'animal peut porter un fardeau cinq fois plus lourd.

C'est déjà un progrès, mais il est insuffisant : si nous recourons à cette machine fort simple qu'on appelle une charrette, le même cheval, attelé à cette charrette, pourra traîner sur une bonne route 2,000 kilogrammes, soit dix fois plus qu'il n'en porte sur son dos, et il ne nous faudra plus avec ce système que 400 chevaux et 400 charrettes, ou 400 fois le voyage d'un seul attelage.

Employons des moyens plus puissants, tout en nous servant encore du cheval ; remplaçons la charrette par un bateau, et la route par une rivière dont l'eau supporte la plus grosse part du fardeau ; le même cheval peut, en halant un bateau, faire mouvoir 40,000 kilogrammes, soit vingt fois plus qu'avec la charrette : de cette façon, il ne nous faudra plus que 20 chevaux et 20 bateaux, ou vingt fois le voyage d'un seul cheval et d'un seul bateau.

Enfin, si nous employons la locomotive, cette admirable application que Georges Stephenson a faite de la machine à vapeur, en un mot, si nous nous servons du chemin de fer, qu'arrivera-t-il ? il arrivera que nous obtiendrons un résultat prodigieux : la locomotive transportera, en un seul voyage, les 800,000 kilogrammes de marchandises que nous avons supposés !

Dans cet exemple, une machine aura fait le travail de 20,000 hommes ou celui de 4,000 chevaux, et, ce qui est fort important, elle l'aura fait beaucoup plus vite, car elle n'aura pas cessé de courir en traînant cet effrayant fardeau ! Et combien d'ouvriers aura-t-il fallu pour la diriger dans ce travail ? deux seulement, un mécanicien et un chauffeur !

Toutes les machines n'ont pas assurément, mes amis, la puissance de celles qui sont utilisées pour traîner des wagons sur des rails d'acier. Mais toutes, quel que soit leur moteur, chute d'eau, vent, vapeur, etc., toutes sont une source de progrès pour l'humanité.

Savez-vous comment autrefois on obtenait la farine nécessaire à la fabrication du pain ? Dans chaque ménage, il fallait que quelqu'un travaillât tous les jours pendant plusieurs heures pour écraser les grains de blé dans un mortier de pierre avec un pilon également en pierre, et pour tamiser tant bien que mal la farine ainsi obtenue. Ce travail était si pénible que, dans l'antiquité, on l'imposait aux esclaves qui avaient mérité une punition pour quelque méfait ou pour quelque manquement à leur service ordinaire.

Comparez ce mode primitif avec celui qui est en usage aujourd'hui : grâce à une machine, c'est-à-dire à un moulin que fait marcher l'eau, le vent ou la vapeur, un seul ouvrier, chargé de surveiller cette machine et de l'alimenter, peut faire sans fatigue le travail qui exigeait les efforts violents de plus de 200 hommes ; chaque famille n'est plus obligée d'écraser le blé nécessaire à sa nourriture de chaque jour, le moulin accomplit cette besogne pénible, pour tout un village dans une seule journée, et il la fait beaucoup mieux.

J'ai encore à vous signaler, mes amis, un objet dont vous vous servez tous les jours, dont on peut dire qu'il est le capital fixe qui vient en aide à votre travail, car c'est votre outil : je veux parler du livre.

Avant le XVIe siècle, le livre était une chose extrêmement rare, réservée aux plus riches, car il n'existait que sous la forme de manuscrit, ce qui veut dire qu'il était entièrement fait à la main. Aussi la masse des hommes était-elle plongée dans une profonde ignorance, et, du manant au seigneur, personne ne savait lire, à l'exception des ecclésiastiques et de quelques religieux.

Il fallait le travail assidu d'un copiste pendant un temps fort long pour produire un seul livre ; depuis trois siècles, l'imprimerie, dont l'invention est due, ainsi que vous le savez, à Gutenberg, l'imprimerie, qui n'est en somme qu'une machine, permet de produire en quelques jours plusieurs milliers d'exemplaires du même livre ; ce qui fait que tout le monde peut se le procurer et y puiser les connaissances qui lui sont nécessaires ; ce qui fait que le nombre des illettrés diminue tous les jours et que bientôt un ignorant sera l'objet du mépris des autres hommes.

La combinaison de deux machines, qui sont la presse à imprimer et la machine à vapeur, nous offre dans le tirage des journaux un exemple bien frappant de puissance productrice. On cite un journal américain de 16 grandes pages qui est tiré, par ce moyen, tous les jours à 70,000 numéros ; il faudrait, à 10 copistes par numéro, 700,000 hommes pour faire le même travail dans le même temps, c'est-à-dire en une seule nuit !

J'ai lu quelque part qu'un fabricant de boutons de porcelaine, dont on citait le nom, produisait chaque année le chiffre fabuleux de 180 millions de douzaines de boutons, et cela, mes amis, par l'emploi d'une machine.

Il n'est pas jusqu'à la modeste, mais bien remarquable

invention de la machine à coudre, qui ne puisse être signalée, comme ayant, elle aussi, pour effet d'augmenter la production ; car elle permet de coudre beaucoup plus vite qu'avec la main, et elle est d'un prix abordable pour le plus grand nombre.

En résumé, mes amis, les machines délivrent les hommes des travaux pénibles et accomplissent facilement des besognes que nul ne pourrait faire ; elles permettent de multiplier les produits, et comme la société est d'autant plus riche qu'elle dispose d'une plus grande quantité de produits, il en résulte que les machines, petites ou grandes, rendent d'immenses services à la société, et que particulièrement l'invention de la machine par excellence, de la machine à vapeur, a été un bienfait pour tous.

Économie du temps employé à la production, diminution de fatigue pour les hommes, multiplication des produits, voilà assurément de magnifiques résultats ; mais on en peut indiquer d'autres encore, dont l'importance n'est pas moindre ; je vous les ferai connaître à notre prochaine réunion.

XV — Les machines *(suite)*

Je poursuis, mes amis, mes explications sur le rôle des machines dans la production des richesses.

Je suppose qu'un industriel qui fabrique des objets de première nécessité, ne parvienne à produire, en travaillant pendant toute une journée avec acharnement, qu'une demi-douzaine de ces objets : la matière première lui coûte peu de chose, mettons 0 fr. 20 c. pour chaque objet, soit 1 fr. 20 c. pour les six ; mais il doit compter 2 francs de dépenses quotidiennes pour le loyer de son atelier et l'usure de ses outils ; le total de ses frais monte ainsi à

3 fr. 20 c. Il vend les objets qu'il fabrique à raison d'un franc ; sa journée lui rapporte donc 6 francs dont il faut déduire 3 fr. 20 c. Retire-t-il de son travail un gain suffisant ? Assurément non, car il ne lui reste que 2 fr. 80 c. pour sa nourriture, son habillement et ses autres besoins de chaque jour !

Je suppose maintenant qu'au moyen d'une machine, il puisse produire 20 fois plus de ces objets, soit 120, pour la matière première de chacun desquels il faut toujours compter 0 fr. 20 c. ; j'admets que ses dépenses quotidiennes se soient élevées, à cause des frais d'installation de la machine, de 2 francs à 6 francs. Faisons le calcul de ses dépenses totales : matière première, 0 fr. 20 c. $\times$ 120 = 24 francs, frais de loyer et d'outillage, 6 francs ; ensemble 30 francs. N'est-il pas vrai, mes amis, qu'il lui suffira de vendre ses produits à raison de 30 c. l'un, pour faire une recette brute de 36 francs et pour obtenir un bénéfice net de 6 francs, plus que le double de son bénéfice ancien ? Au lieu d'être dans la gêne il sera dans l'aisance, et cependant ceux qui achèteront ses produits les payeront six sous au lieu de les payer un franc !

Et si nous supposons une chose qui est très possible, très probable même, si nous supposons que la machine, au lieu de produire 120 de ces objets, puisse en produire dix fois plus, soit 1,200 ; le gain du fabricant sera, non pas seulement, comme on pourrait le croire, dix fois plus fort, c'est-à-dire de 60 francs, mais bien de 114 francs, parce que les frais de loyer et d'outillage seront restés les mêmes. Aussi pourra-t-il se faire que cet industriel abaisse de nouveau le prix de ses produits et fasse profiter les consommateurs, une fois de plus encore, de la puissance productive de la machine ; ce qui ne l'empêchera pas d'ailleurs de s'enrichin. Or, mes amis, rappelez-vous bien ceci : celui qui s'enrichit en produisant à bon marché un objet utile, rend un véritable service à la société et doit être considéré comme un de ses bienfaiteurs, parce qu'en définitive la masse des consommateurs qui composent la société a encore plus gagné que lui.

Les chemins de fer vont nous fournir une nouvelle preuve de cette vérité. Avant leur création, les frais de transport d'une tonne de marchandises (1,000 kilogrammes) s'élevaient à trente centimes par kilomètre; grâce aux chemins de fer, à la puissance de leurs machines à vapeur, ce prix s'est abaissé à six centimes, soit un cinquième du prix ancien. La société réalise donc, pour chaque tonne de marchandises transportée sur les voies ferrées et pour chaque kilomètre parcouru, un bénéfice de vingt-quatre centimes, représentant les quatre cinquièmes du prix ancien. Savez-vous, mes amis, par quel chiffre fabuleux se traduit le bénéfice annuel? La recette totale des compagnies de chemins de fer s'élève à huit cent cinquante millions de francs par an environ, dont il convient de déduire la part afférente au transport des personnes. Quelle que soit l'importance de cette part qui ne saurait, en tous cas, atteindre la moitié du chiffre total, on peut affirmer que le public qui consomme les objets transportés, c'est-à-dire tout le monde, fait chaque année un bénéfice supérieur à deux milliards!

Parlons maintenant du gain fait par les voyageurs, dont le nombre s'est d'ailleurs accru, dans la proportion de 1 à 10,000 peut-être, depuis l'existence des chemins de fer.

Supposons que par la rapidité du voyage chacune des cinquante millions de personnes que traîne chaque année la locomotive, n'épargne qu'une heure en moyenne, et il est certain que la réalité est au-dessus de cette évaluation : cela fait cinquante millions d'heures gagnées pour l'activité humaine, pour la production ; or, cinquante millions d'heures, c'est cinq millions de journées de dix heures, c'est environ seize mille années : n'est-ce pas comme si seize mille hommes de plus avaient travaillé dans l'année ? Ce qui vous démontre, en passant, la vérité de ce dicton britannique : « *le temps, c'est de l'argent* ».

Et si j'ajoute qu'aux époques de disette, les chemins de fer ont permis de transporter au loin des grains ou des farines, qui ne pouvaient auparavant dépasser une certaine limite et faute desquels des milliers d'êtres humains succombaient à la faim, n'est-ce pas comme si je vous disais que la machine à vapeur qui les a sauvés, a ajouté un nombre égal de travailleurs à l'armée, qui ne sera jamais trop nombreuse, des producteurs ?

Eh bien, mes amis, partout où fonctionneront des machines, vous verrez apparaître le même résultat : l'abaissement du prix des objets de consommation. Reprenons, pour un instant, deux des exemples que je vous ai cités dans notre dernière réunion, celui des livres et celui des boutons.

Le prix d'un livre écrit à la main par un copiste du temps passé pouvait représenter une somme égale à 800 francs de notre monnaie, le prix du même livre imprimé est aujourd'hui de 1 franc ; de sorte que pour la même somme 800 personnes peuvent se procurer un objet extrêmement utile, qui était jadis réservé à une seule.

Le fabricant de boutons dont je vous parlais, peut en livrer, pour moins d'un franc, douze grosses, c'est-à-dire 144 douzaines ; la raison en est que la part des frais généraux incombant à chaque bouton est presque insensible, tant est grand le nombre des boutons sur lesquels ces frais généraux se répartissent.

Il en est de même dans toute espèce de production ; c'est ce que j'ai essayé de vous faire comprendre au début de cette leçon, et c'est ce que j'ai déjà exprimé en ces termes généraux : le prix de revient des produits s'abaisse au fur et à mesure que s'accroît la puissance du capital fixe.

J'ajoute que l'abaissement des prix provoque immédiatement une consommation plus grande : il se trouve en effet plus d'acheteurs pour un objet de six sous que pour un objet d'un franc, par la raison fort simple qu'il y a plus de petites bourses que de grosses. Par une conséquence toute naturelle, la production est obligée de s'accroître pour être en mesure de satisfaire à toutes les demandes, et le nombre des ouvriers augmente forcément.

Il faut donc, mes amis, ajouter aux heureux résultats de l'emploi des machines que je vous ai déjà signalés, ceux-ci qui ne sont pas moins heureux : diminution du prix des produits, bon marché des objets nécessaires à la vie, bien-être de tous de plus en plus assuré !

Je viens de vous dire que l'accroissement du nombre des produits, accroissement dû à l'emploi des machines, avait pour effet d'augmenter le nombre des ouvriers. Cependant j'ai dit précédemment qu'une machine fait à elle seule le travail de beaucoup d'ouvriers, et j'ai donné des exemples de cette substitution des forces mécaniques aux forces de l'homme. Aurai-je donc contredit d'avance ce que je veux prouver aujourd'hui ? Nullement, mes amis, et ces deux assertions sont également vraies.

Une machine fait autant de besogne que 100 et même 1,000 ouvriers, mais elle n'enlève pas le travail à ces ouvriers, loin de là ! Ne faut-il pas, tout d'abord, fabriquer les machines elles-mêmes, les réparer, leur fournir le combustible nécessaire, etc.? Pour tous ces travaux, inconnus avant l'apparition des machines, il faut beaucoup d'ouvriers (il faut même qu'ils soient habiles, ils sont donc bien payés), et il en résulte qu'un certain nombre de ceux que la nouvelle organisation du travail aurait pu distraire de leur métier primitif, se trouvent employés d'une façon pour le moins aussi lucrative; mais on peut affirmer, avec les preuves en main, que loin de diminuer, le nombre des ouvriers attachés à l'industrie qui se sert le plus des machines, a considérablement augmenté.

C'est ce que les ouvriers ont eu pendant longtemps beaucoup de peine à comprendre; ils n'ont pas été les seuls d'ailleurs à condamner les machines : on a vu les prud'hommes de Lyon brûler le métier inventé par Jacquard sur la place publique où s'élève aujourd'hui sa statue, et le grand Colbert lui-même a repoussé l'usage des machines, comme devant enlever le travail à la plupart des ouvriers, et avec le travail, le salaire qui leur permet d'acheter le pain nécessaire à leur nourriture.

Ah ! mes amis, ces ouvriers, ces prud'hommes, ce grand ministre même, ne jugeaient que sur les apparences, et d'après la déplorable éducation économique qu'ils recevaient de l'ancienne réglementation du travail ! Or, voici la vérité, telle qu'elle ressort de l'examen approfondi des choses, et telle que le grand économiste déjà cité dans ces entretiens, F. Bastiat, l'a mise en lumière.

Supposons qu'un fabricant obtienne un objet par le travail de deux ouvriers, à chacun desquels il donne un franc par jour.

Or, voici qu'il imagine un arrangement de cordes et de

poids qui abrège le travail de moitié : il épargne un franc et congédie un ouvrier.

Il congédie un ouvrier, *c'est ce qu'on voit*, dit Bastiat. Mais *ce qu'on ne voit pas*, c'est le franc épargné par le fabricant et les effets nécessaires de cette épargne : il y a dans le monde un ouvrier qui offre ses bras inoccupés, et il y a en même temps dans le monde un capitaliste qui offre son franc inoccupé. Ces deux éléments se rencontrent inévitablement et se combinent : l'invention et un ouvrier payé avec le premier franc font maintenant l'œuvre qu'accomplissaient auparavant deux ouvriers; le second ouvrier, payé avec le second franc, réalise une œuvre nouvelle; qu'y a-t-il donc de changé dans le monde ? Il y a une satisfaction nationale de plus, il y a un profit gratuit pour l'humanité.

Une machine nouvelle ne supprime donc pas le travail, elle le déplace seulement : si elle met en disponibilité un certain nombre de bras, elle met aussi et forcément en disponibilité pour une œuvre nouvelle le salaire correspondant; elle donne donc pour résultat définitif un accroissement de satisfactions, à travail égal.

Qui recueille cet excédent de satisfactions ? C'est d'abord celui qui a inventé la machine ou celui qui l'a employée avec succès. Quoi de plus juste ? Mais bientôt c'est la société tout entière, lorsque la concurrence a forcé le fabricant à baisser ses prix et que le gain d'un franc, fait par celui-ci dans le principe, est fait par le consommateur.

Voilà, mes amis, ce qu'il faudra répondre à ceux qui répèteraient devant vous cette absurdité : les machines enlèvent à l'ouvrier son travail, c'est-à-dire son salaire, son pain !

Et si cette démonstration ne suffit pas, voici ce que vous pourrez ajouter, en vous appuyant sur des observations très sérieuses qui ont été faites dans un pays voisin du nôtre, en Angleterre.

Il y a quelques siècles, le coton n'était guère utilisé que dans la fabrication des mèches à chandelle ; ce n'est qu'au xve siècle qu'on a eu l'idée de l'employer à la confection d'étoffes grossières, et au xviiie siècle, c'est à peine si le tissage du coton occupait 8,000 ouvriers dans toute l'Angleterre.

En 1769, le tissage mécanique a commencé d'y remplacer le tissage à la main, et dix-huit ans plus tard, en 1787, le tissage mécanique, qui commençait à se généraliser, en occupait 350,000 ; en 1833, 487,000 ; en 1859, 800,000, et aujourd'hui plus de deux millions !

Si l'on n'avait pas de machines dans les filatures de coton, savez-vous combien il eût fallu d'ouvriers pour faire ce que l'Angleterre produisait en 1859 avec 800,000 hommes ? Il en eût fallu 150 millions — soit 149 millions de plus ! Où les eût-on trouvés ? L'Angleterre n'a pas 30 millions d'habitants ! Ce que je dis de l'Angleterre est également vrai pour la France et pour tous les pays, comme la Suisse et la Belgique, où l'industrie est très développée.

L'emploi des machines a donc pour résultat certain d'augmenter le travail au lieu de le diminuer dans la même industrie ; et la raison de cette augmentation est celle que je vous ai déjà donnée : elles font baisser le prix des choses, et comme tout se tient intimement dans ces questions, l'abaissement des prix provoque des demandes plus nombreuses, et la production s'accroît en conséquence.

C'est même là qu'il faut chercher la cause d'un mal dont se plaint souvent l'agriculture, le manque de bras. Beaucoup d'ouvriers travaillaient, il n'y a pas longtemps encore, à la campagne, tout en cultivant un petit coin de terre près de leur maisonnette, et en louant, dans les moments de presse, leurs bras aux maîtres des grandes fermes. Aujourd'hui, l'on n'entend plus le bruit des métiers dans les villages, les ouvriers qui les manœuvraient ont été attirés dans les villes, précisément par l'extension que l'emploi des machines a donnée à l'industrie.

Le remède paraît tout indiqué : il faut que l'agriculture se décide, elle aussi, à remplacer les bras des ouvriers par des machines, c'est d'ailleurs ce qui se fait déjà dans quelques contrées ; et, comme il est prouvé que les machines attirent autour d'elles les ouvriers, peut-être les ramèneront-elles dans les campagnes où l'air est plus salubre, et guériront-elles ainsi le mal qu'elles auront fait : petit mal d'ailleurs pour un grand bien !

On ne peut nier que la substitution des machines au travail de l'homme ne puisse causer quelquefois des souffrances individuelles ; je citerai à titre d'exemples, la suppression, par suite de l'établissement des chemins de fer, des maîtres de poste, de leurs postillons, de presque tous les conducteurs de diligences et d'un grand nombre d'aubergistes. Mais le nouveau mode de locomotion a exigé des ouvriers et des employés nouveaux pour lui-même, des conducteurs pour les voitures de correspondance, des charretiers pour le camionnage des marchandises, etc., etc. ; et ceux qu'il avait dépossédés ont pu retrouver très promptement d'autres moyens d'existence.

Quant à la masse du public, elle y a gagné de pouvoir faire en quelques heures et pour un prix modique des voyages que Napoléon Ier, avec sa toute-puissance, n'eût pu faire, au début de ce siècle, qu'en plusieurs jours, et grâce à des relais préparés à grands frais !

Elle y a gagné encore ceci : c'est que le logement d'un

simple ouvrier offre aux yeux plus d'objets confortables que n'en contenaient au moyen âge le palais de nos rois, et dans le siècle dernier la maison d'un riche artisan !

Je pourrais ajouter que sa table même est souvent garnie de mets plus substantiels que celle de ces rois ou de cet artisan.

Si donc quelques hommes souffrent momentanément d'une amélioration semblable à celle de l'usage des machines, la société tout entière, qui profite si largement de cette amélioration, doit essayer de leur rendre la transition plus supportable et leur venir en aide par tous les moyens dont elle dispose.

Mais, avant tout, c'est à eux-mêmes que ces hommes doivent demander les moyens de franchir ce mauvais pas !

Un ouvrier instruit et laborieux n'a jamais de peine à trouver l'emploi de ses talents et de ses forces, et à substituer une occupation lucrative à celle qui vient de lui faire défaut.

XVI. — La propriété.

Je vous ai démontré, mes amis, que sans le concours du capital le travail serait impuissant, et j'ai essayé de vous faire comprendre que l'accroissement du nombre des produits et l'abaissement de leur prix de revient étaient dus à l'emploi des machines, c'est-à-dire à l'intervention de plus en plus prépondérante du capital dans la production.

Je vous ai donc parlé longuement du capital, et vous ne devez, par conséquent, pas ignorer qu'il consiste uniquement, dans une accumulation des produits d'un travail antérieur, économisés pour être appliqués à une nouvelle production, en sorte que, quelle que soit l'importance d'un produit, il ne devra jamais être considéré comme étant un capital, s'il se trouve consommé, sans avoir contribué à la naissance d'un autre produit.

Une question se pose ici, mes amis : qui a le droit de décider si les produits obtenus seront consommés ou capitalisés? et sur quoi repose ce droit?

Vous savez que les produits sont consommés, ou qu'ils sont capitalisés, soit par ceux qui les ont obtenus, soit par ceux qui les ont achetés, et que le droit dont ils usent en agissant ainsi, se nomme *le droit de propriété*.

Voici un charpentier qui achète un arbre sur pied, il l'abat et le débite en planches plus ou moins épaisses, ces planches sont bien à lui : elles sont le produit de son travail, combiné avec le capital-argent qu'il a dépensé pour payer le prix de l'arbre et avec le capital-outils dont il s'est servi pour le scier. Il vend ces planches à un menuisier, ce qui est une façon de consommer le produit précédemment obtenu, ou bien il construit avec ces planches un atelier pour son propre usage, ce qui est une manière de transformer ce produit en capital : eh bien ! qu'il prenne l'un ou l'autre de ces deux partis ou encore telle autre détermination qu'il lui plaira, il est le maître d'agir comme il l'entend; c'est à lui seul qu'il appartient de décider s'il consommera immédiatement ou s'il capitalisera ce produit de son travail antérieur.

Si l'on vous demandait pourquoi ce droit est à lui seul, vous répondriez certainement : c'est parce qu'il a la propriété des planches débitées par lui; et il est non moins certain que vous répondriez de même façon, si au lieu des planches que j'ai supposées, il s'agissait de quelqu'une des autres choses qui sont utiles à l'homme, excepté toutefois celles que l'on désigne par le nom d'utilités gratuites.

Votre réponse serait juste, mes amis; cependant elle ne

ferait que reproduire la question même que nous avons posée et que nous pouvons formuler dans les termes suivants : Qu'est-ce que la propriété ? quel est son principe ? quels sont ses caractères et les conditions de son existence ?

Reprenons ces questions l'une après l'autre pour les résoudre.

Sur quel principe repose la propriété ?

Ce n'est pas dans les maisons et les champs, ce n'est pas dans les choses tangibles que nous devons chercher le principe de la propriété, car toutes ces choses peuvent être l'objet d'une application du droit de propriété, mais elles ne peuvent être le droit lui-même.

C'est dans l'homme, mes amis, *dans l'homme seul* que nous devons chercher le principe de la propriété.

Un grand homme, grand écrivain et grand citoyen, dont la France entière redira longtemps le nom illustre, Thiers a écrit cette phrase : « Nous avons en nous-même, dans notre personne, dans notre âme et dans nos organes une première propriété. » A vrai dire, mes amis, nous n'avons que celle-là, les autres ne sont que son développement ou sa transformation.

Ce n'est pas la matière des choses, c'est *la personne humaine déposée dans cette matière* qui fait le fond de la propriété ; et lorsque nous usons des choses visibles, *qui sont*, comme l'a si heureusement dit un eminent économiste, *non la substance de la propriété, mais son enveloppe*, c'est de nous même que nous usons. C'est uniquement pour cette raison que l'on dit : la propriété est sacrée ; il n'existe, en effet, sur la terre qu'une chose sacrée ; c'est la personne humaine, lorsqu'elle a su garder la liberté morale avec laquelle elle est née.

Ces assertions vous semblent sans doute un peu abstraites; je vais essayer de vous les faire bien comprendre.

Qu'est-ce que l'homme? une force douée d'intelligence et de liberté, placée au milieu de forces qui n'ont ni intelligence ni liberté. Cette force intelligente et libre, en d'autres termes cette volonté, a sur les forces inertes une action qu'elle est obligée d'exercer sans cesse, car si elle s'arrêtait, elle ne pourrait se refaire, elle ne pourrait remplacer la substance perdue et usée, par une nouvelle substance puisée dans le monde extérieur; elle manquerait son but qui est la conservation et l'accroissement de la vie.

Ainsi, l'homme vit aux dépens de son activité, il paie de sa personne ce qui s'ajoute à sa personne, et il en faut conclure qu'il n'est pas un seul des biens acquis et possédés par l'homme qui ne soit *de la vie humaine* : travailler, n'est ce pas employer la vie, qui est le seul bien que l'homme ait reçu? et si, par le travail, il obtient un produit quelconque, matériel ou intellectuel, peu importe, ce produit, obtenu par l'emploi de la vie, n'en est-il pas l'équivalent?

Certes, la forme saisissable de ce résultat n'est pas la propriété, pas plus que la forme saisissable de l'homme n'est la personne humaine; nous l'avons déjà dit, ce ne sont que des enveloppes. Mais, sous ces enveloppes apparentes, il y a deux choses essentielles, un droit et une volonté, Ce droit c'est la propriété; cette volonté, c'est la personne humaine; et, dans leur essence, la propriété et la personne humaine sont identiques.

Pourquoi l'homme qui chasse acquiert-il la propriété du gibier qu'il tue? parce que pour tuer ce gibier, il a dépensé sa force, sa vie, et quand il mange le produit de sa chasse, il ne fait que recouvrer sa force et reconstituer sa vie.

Ce que fait ce chasseur, chacun le fait dans ses travaux particuliers, et l'humanité tout entière le fait dans l'ensemble des siens. Tout dans les œuvres humaines est de la force et de l'intelligence humaines, de la vie humaine dépensée ou mise en réserve.

Je vous ai dit précédemment que la nature offre libéralement à l'homme des matériaux en quantités innombrables; assurément, mais elle ne les lui cède qu'après qu'il les lui a arrachés par une victoire remportée sur elle. On peut dire que la terre elle-même est l'œuvre de l'homme et qu'elle ne lui donne qu'autant qu'il lui a donné, et à cet égard la propriété territoriale ne diffère pas de la propriété intellectuelle qui a pour objet les œuvres d'art, les livres et les inventions.

L'une pas plus que l'autre n'existe par elle-même, indépendamment de l'activité humaine : le blé ne pousse pas tout seul, les bestiaux ne s'élèvent pas tout seuls, etc. Le nom du *laboureur* n'est-il pas un dérivé du mot *labeur*?

Sans cette lutte opiniâtre et constante avec la nature, sans cette dépense continuelle de force et d'intelligence humaines, la terre ne donnerait pas ce qu'elle donne : pour rendre, il faut qu'elle ait reçu.

Si l'homme s'arrêtait, la fertilité de la terre s'arrêterait avec lui, ou plutôt se tournerait contre lui : n'est-il pas obligé de combattre incessamment les productions naturelles de la terre, ronces, orties, épines ou chardons?

Et les autres productions, celles qui peuvent réparer les forces de l'homme, croyez-vous, mes amis, qu'il les ait trouvées, sinon dans le champ où elles sont aujourd'hui cultivées, du moins dans le voisinage? Oh non! il a fallu les apporter de fort loin : le froment est originaire de l'Egypte, le maïs de l'Amérique du Sud, la pomme de terie de l'Amérique du Nord, la vigne de la Palestine, l'olivier de la Phocée, le prunier de la Syrie, le poirier et le pommier de la Grèce, l'abricotier de l'Arménie.

Tous ces transports ne se sont pas faits sans peines, sans efforts, je pourrais même ajouter sans dangers : vous savez tous l'histoire de B. de Jussieu apportant dans son chapeau le cèdre qui domine aujourd'hui le jardin des plantes de Paris et qui est le père de tous les cèdres de l'Occident; et vous avez tous été émus au récit des souffrances du capitaine Déchieux supportant les tourments de la soif, afin de garder un peu d'eau au plant de caféier qu'il portait aux Antilles et qui a donné naissance aux riches plantations de la Martinique, de Saint-Domingue et des autres îles de cet archipel.

L'homme ne s'est pas borné à déplacer, pour les rapprocher de lui, les choses utiles à son existence, il les a refaites et pour ainsi dire, recréées : par la taille et la greffe, par le choix d'un heureux emplacement et d'une bonne exposition, il a transformé telle production de la nature, autrefois coriace ou insipide, en un fruit délicieux; par la sélection, il a obtenu ces bœufs et ces moutons, si charnus et si nourrissants qui ressemblent bien peu aux aurochs et aux mouflons, leurs ancêtres. On peut affirmer que l'agriculture n'opère que sur des espèces étrangères à la création primitive, améliorées par de lentes transformations.

L'homme a fait plus encore : il a fait le sol même qui produit ces espèces. Qu'était le sol de nos contrées dans les temps préhistoriques? une suite de marécages et de forêts, aussi stériles qu'insalubres, peuplés d'animaux dangereux, et semblables à ce qui existe encore dans les profondeurs du continent africain. L'homme a desséché ces marécages, défriché ces forêts, détruit ces animaux, et il a fait tout cela au péril de son existence : la fièvre des marais a tué plus d'un travailleur que la dent des carnassiers ou le venin des reptiles avait épargné. Ceux qui périssaient ainsi avaient donné leur vie pour que ceux qui viendraient après eux pussent jouir d'un sol fertile et d'un air assaini; n'avais-je pas raison de dire que ce sol fertile, que cette nature, autrefois sauvage, domestique aujourd'hui, avec toutes ses productions, que tout ce qui fait l'objet d'un droit de propriété, c'est l'équivalent de la vie humaine?

Je pourrais vous citer, mes amis, des exemples d'une transformation du sol effectuée par l'homme dans des conditions plus remarquables encore que cette transformation générale dont je viens de parler. Tel vignoble renommé de notre pays est perché, pour ainsi dire, sur des roches élevées et nues, où la mine a creusé des trous que des hommes ont remplis en y transportant sur leur dos de la terre recueillie au fond de la vallée; et remarquez bien qu'il faut encore aujourd'hui refaire annuellement une partie de ce travail, à cause des orages qui dégradent le vignoble.

La Hollande, ce riche pays que j'aime à vous rappeler parce qu'il doit sa richesse au génie industrieux de ses habitants, la Hollande est presque tout entière une création artificielle; les plaines cultivées, les cités commerçantes, ont été conquises sur la mer, qui a dû reculer devant les efforts énergiques et continus des générations humaines, et ce siècle ne se terminera sans doute pas sans que de nouveaux espaces ne soient soustraits aux flots du Zuyderzée par les infatigables Néerlandais et consacrés par eux à de nouvelles productions et à de nouvelles vies humaines!

Après tous ces exemples, après ces preuves si diverses,

est-ce qu'il est permis de mettre un seul instant en doute l'identité complète de la personne humaine avec la propriété?

Je crois, mes amis, vous avoir pénétrés de cette vérité, et je terminerai cet entretien, que j'ai dû faire durer un peu longtemps afin de ne pas interrompre ma démonstration, par deux citations qui le résumeront. L'une est empruntée à un économiste et l'autre à un historien.

L'économiste, qui est M. Baudrillart, a écrit ceci : « L'homme ne possède la propriété que parce qu'il l'a faite, et il ne la conserve que parce qu'il la refait tous les jours. L'homme recrée incessamment la terre, comme instrument de travail, dans ce long combat qui dure encore. »

L'historien, qui est Michelet, a dit ce mot qui sera ma conclusion : « Le propriétaire a sur la terre le premier de tous les titres, celui de l'avoir faite. »

XVII — La propriété *(suite)*

Nous avons, mes amis, dans notre dernier entretien, cherché le principe de la propriété, et nous l'avons trouvé dans l'homme seul.

Nous avons reconnu qu'il n'y a de productif et de fertile, d'utile en un mot, que ce que l'homme a rendu tel, en y employant la force, physique ou intellectuelle, qui est sa personne même, qui est sa vie. Cette force, accumulée et mise en réserve, est le véritable objet de la propriété.

Lorsqu'un homme a fait un bon usage de sa vie, lorsqu'il n'a pas dissipé sa force dans des occupations stériles, mais qu'il l'a appliquée à des choses dans lesquelles elle demeure disponible, cette force, réservée par lui, constitue un accroissement de ressources, de puissance et de bien-être; il se trouve ainsi le maître, non seulement de l'heure présente, mais d'une partie des jours passés, et cette partie est d'autant plus considérable qu'il a mieux su employer sa vie ; c'est pour cela que la propriété est susceptible d'une extension indéfinie.

L'homme jouit d'un privilège que n'ont pas les êtres privés d'intelligence et de liberté, c'est celui de se survivre sur cette terre, dans les objets au sein desquels il a déposé, comme je vous l'ai déjà dit, sa personne. En effet, son œuvre reste après lui, or, vous savez que son œuvre, c'est une portion de sa vie qu'il a su mettre en sûreté et qu'il a lui-même soustraite à la mort qui le frappe.

Cette œuvre avait servi à accroître sa propre existence, elle servira à accroître l'existence de ceux qui viennent après lui, et ceux-là l'accroîtront à leur tour avant de la transmettre à d'autres qui l'accroîtront encore.

Si vous avez bien saisi, mes amis, les explications que je vous ai données jusqu'à ce moment sur la propriété, vous devez comprendre qu'elle ne tire pas son origine de la loi, mais de la nature même de l'homme. La loi a reconnu et garanti la propriété, mais elle ne l'a pas créée; et c'est fort heureux, car, bien qu'on la nomme souvent *la raison écrite*, la loi pourrait être modifiée, et la propriété, cet équivalent de la vie humaine, cette chose sacrée, se trouver à la merci d'un despote, d'un législateur ignorant ou passionné!

La propriété est un droit et non un fait; ce n'est pas la concession injustement faite à quelques-uns au détriment de tous les autres, d'une collaboration gratuite de la nature, c'est le résultat d'un bon emploi de la vie qui appartient à tous : le père qui laisse une fortune à son enfant, ne lui laisse que la vie, accrue d'une portion de sa propre vie.

La propriété du riche n'est donc pas une faveur gratuite dont le pauvre est dépouillé, c'est l'accumulation, lentement obtenue, des produits d'un travail incessant, effectué avec de la vie humaine, et la vie a été donnée au pauvre comme au riche.

Ainsi envisagée, la propriété ne peut pas être raisonnablement représentée comme une négation de l'égalité qui règne entre tous les hommes.

La pauvreté a été le point de départ de tous, et la vie a été le seul bien qui ait été concédé à tous. Si les conditions de la vie ont été modifiées pour quelques-uns, elles l'ont été uniquement par le travail, source légitime de la richesse, seul fondement solide du droit de ceux qui possèdent, et ceux-là n'ont rien à restituer à personne, par la raison qu'ils n'ont rien pris à personne.

Ils ne se sont pas en effet attribué dans un partage une part plus forte que celle des autres : on ne partage que ce qui existe, or la richesse qui fait l'objet de leur propriété n'existait pas, puisqu'elle a été créée par eux-mêmes ou par ceux de qui ils tiennent la vie.

Mes amis, au début de ces explications sur la propriété, nous avions posé deux questions. La première était relative au principe de la propriété, et sa solution nous est connue : le principe de la propriété est dans l'homme seul.

La seconde question était celle-ci : quels sont les caractères de la propriété? Eh bien, mes amis, il me semble que j'y ai répondu aussi : si la propriété est telle que je vous l'ai définie, elle ne peut être qu'*individuelle, permanente, inégale*, et *transmissible par la volonté de celui qui la possède.*

Privée de ces caractères, elle ne remplirait pas dans la société le rôle important qui lui appartient, ou plutôt elle n'existerait pas. Nous allons les examiner successivement à ce point de vue ; car il ne suffit pas de vous avoir démontré qu'ils sont les conséquences du droit naturel qui a créé la propriété, il faut que vous soyez également convaincus que la propriété est constituée ainsi et non autrement, par suite d'une nécessité sociale.

Dans le cours de votre carrière, aux champs comme aux ateliers, vous ne manquerez pas de rencontrer quelques-uns de ces rêveurs, heureusement rares aujourd'hui, qui méconnaissent, par ignorance de leurs véritables intérêts, les bienfaits d'une organisation sociale reposant sur la propriété, telle que je viens de la définir, et qui sont toujours prêts à soutenir, sans apporter aucune preuve convaincante à l'appui de leurs dires, que le monde serait beaucoup plus heureux si la propriété était collective (c'est-à-dire si les biens appartenaient à tous en commun), ou si elle était égale pour tous ; en un mot, si elle était précisément tout le contraire de ce qu'elle est.

L'histoire nous démontre que les peuples chez lesquels la propriété individuelle, inégale et permanente n'a pas été fortement organisée, ont été en proie à la misère générale, qu'ils n'ont pas tardé à dégénérer, et qu'ils ont finalement disparu par la conquête, tandis que d'autres nations ont commencé de prospérer, précisément à partir du moment où elles ont substitué à la communauté des biens la propriété avec les caractères que je vous ai dits. Et pourquoi, mes amis ? c'est parce que l'espérance d'arriver à la propriété sert de stimulant au travail, parce que l'intérêt individuel a été jusqu'à ce moment le ressort le plus énergique qui ait existé pour féconder la production.

Le possesseur d'une terre qui ne serait pas asssuré de la conserver indéfiniment, se garderait bien d'y enfouir des capitaux pour la rendre plus productive, car il pourrait se demander si elle lui appartiendra pendant un temps assez long pour qu'il recouvre ses avances ; il exploiterait cette terre hâtivement, il la surmènerait et l'épuiserait bientôt, pour en tirer pendant sa courte jouissance tout le profit possible. Ce serait un véritable gaspillage des richesses utiles à tous, qui conduirait bientôt tout le pays à la ruine.

Tels sont les dangers que présenterait une propriété qui ne serait pas permanente ; ceux qu'offrirait la propriété égale pour tous ne sont pas moindres. Le possesseur d'une terre qui n'aurait aucun espoir de l'agrandir, celui à qui une pareille organisation sociale refuserait la possibilité de conquérir une situation supérieure à celle de ses voisins, serait bientôt découragé ; ce découragement amènerait forcement une diminution dans sa part de production ; comme tous les hommes seraient dans le même cas, la diminution totale des produits serait extrêmement considérable et la misère serait bientôt le lot de tous !

Au lieu d'avoir quelques indigents, dont le nombre tend de plus en plus à diminuer avec le progrès de la richesse générale, on aurait une multitude indigente. Il est hors de doute que les plus pauvres gagnent à l'inégalité des biens beaucoup plus que ne leur donnerait le régime de l'égalité absolue. En effet, quiconque donne à son domaine, à ses jouissances, une extension légitime, élargit par là même le domaine et les jouissances d'autrui. Il rend aux autres un double service : il sert d'exemple à ceux qui n'ont rien produit, et il crée une richesse dont ils ont forcément leur part, car plus la richesse abonde dans une contrée, plus les satisfactions y deviennent faciles pour tous : plus le marché est fourni, plus il est aisé de s'y pourvoir ! Vous retrouvez ici sous un autre aspect la loi économique dont je vous ai déjà démontré la vérité en vous rappelant l'exemple du menuisier cité par F. Bastiat.

La propriété qui semble constituer l'inégalité parmi les hommes, tend au contraire à égaliser de plus en plus les valeurs mises à la disposition de chacun, et, malgré ses apparences contraires, il est certain que, livrée à son libre développement, elle a pour effet, non de désunir les hommes, mais de les unir, et de resserrer entre eux ces liens d'égalité et de fraternité qu'elle semble d'abord rompre et briser.

Quant au régime qui mettrait tous les biens en communauté, il conduirait, pour d'autres causes, aux mêmes résultats. C'est folie, en effet, de penser que chacun s'emploierait avec ardeur à la production des richesses, dans le seul but d'augmenter la masse à partager et de grossir ainsi sa propre part. Ceux qui tiennent un semblable raisonnement, oublient deux choses. La première, c'est qu'il ne suffit pas que les produits soient accrus, il faut aussi que les pertes soient évitées : or, celui qui sait que toute la perte qui se produira dans la branche de travail à laquelle il se livre, retombera sur lui seul, apportera beaucoup plus de soins à l'éviter que s'il n'en doit subir qu'une minime fraction. La seconde, c'est que celui qui sait que le produit de son travail lui appartiendra tout entier, travaillera avec plus de vigueur que s'il n'en doit percevoir qu'une partie. La division de la responsabilité et le partage des bénéfices, qui sont les résultats obligés du communisme, amèneraient donc, eux aussi, une prompte diminution des produits et, cette diminution s'accentuant de plus en plus, la ruine générale.

De quelque côté qu'on se tourne, on n'aperçoit donc que souffrances et misères en dehors de la propriété permanente, inégale et individuelle.

Vous avez sans doute remarqué, mes amis, que je n'ai employé qu'un argument : l'intérêt individuel.

C'est parce qu'il n'en existe pas d'autre ; aussi quand on demande à ceux qui se laissent tromper par les apparences et méconnaissent les bienfaits de la propriété, ce qu'ils mettent à la place de l'intérêt individuel pour stimuler la production, ils se voient réduits à indiquer des moyens qui sont pour le moins impuissants, et sur lesquels ils ne s'accordent même pas. Ce n'est pas ici le lieu ni le moment de les énumérer ; je me borne donc à vous poser une question, à vous, mes amis, sachant bien, que vous ferez tous la même réponse à ma question et que cette réponse renversera tous les raisonnements des rares partisans de la communauté ou du partage égal des biens.

Tout le monde n'a pas la même intensité de vie, la même force intellectuelle et physique ; comment dès lors tout le monde pourrait-il avoir la même quantité de biens puisque c'est par l'usage de cette force que les biens, ont été acquis ? Et en supposant qu'une sorte de liquidation générale soit faite aujourd'hui, que chacun soit doté d'une part égale de toutes les richesses existant à ce jour, est-ce que par le bon ou le mauvais emploi de la vie l'inégalité ne sera pas rétablie dès demain ?

Invoquons encore un argument d'un ordre moins élevé, bien qu'il s'appuie sur un fait constant. Si tout le monde avait la même quantité de biens, la même intelligence et la même force physique, et si tout le monde savait en user de même façon, où trouverait-on des gens pour accomplir les travaux pénibles, et surtout les besognes rebutantes ?

Qui donc consentirait à fabriquer des verres et des bouteilles dans cette fournaise qu'on appelle une verrerie?

Qui donc s'offrirait, dans les villes, pour nettoyer les égouts, vider les fosses et en porter le contenu dans les voiries?

Dans les campagnes, qui donc voudrait s'exposer au vent, à la pluie ou à l'ardeur du soleil, pour labourer et ensemencer les champs et pour en enlever les récoltes?

Est-ce que tout le monde ne voudrait pas se réserver le métier qui garde les mains blanches, et n'aimerait pas mieux être parmi ceux qui usent les souliers que parmi ceux qui les font?

Les services que les hommes se rendent les uns aux autres étant forcément inégaux, il est juste que leur rémunération soit inégale : celui qui produit beaucoup pourra donc se procurer plus de choses que celui qui produit peu, et il en faut tirer cette conséquence, que le droit de propriété du premier s'exercera sur des richesses plus grandes que le droit de propriété du second.

En résumé, il est nécessaire et par conséquent il est juste que la propriété soit inégale et individuelle; elle doit de plus être permanente, en ce sens que sa durée ne doit avoir d'autres limites que la volonté de celui qui la détient; enfin, et c'est la dernière des quatre conditions de la propriété que je vous ai fait connaître, elle doit être transmissible par la volonté, déclarée ou présumée, du propriétaire.

Nous étudierons, à la prochaine séance, cette condition qui met en jeu, comme les autres, l'intérêt individuel, et, de plus, un intérêt d'un ordre plus élevé, celui de la famille.

XVIII — La propriété *(suite)*.

Je me propose aujourd'hui, mes amis, de continuer mes explications sur la propriété, qui doit être non seulement individuelle, inégale et permanente, mais aussi transmissible.

Avant d'étudier en quoi consiste cette dernière condition de la propriété, je crois qu'il ne sera pas superflu de vous donner quelques notions sur les rapports de la propriété avec la loi qui, je le répète à dessein, ne l'a pas créée, mais la garantit.

C'est d'ailleurs le seul moyen de répondre d'une façon complète à la troisième question que nous avons posée : quelles sont les conditions d'existence de la propriété ?

Nous nous trouvons, en effet, sur un terrain commun à l'économie politique et à la législation, à la science qui recherche ce qui est utile et à celle qui recherche ce qui est juste.

Les mots dont ces deux sciences se servent ne sont pas toujours les mêmes. Ainsi dans la langue du droit, on nomme *biens* les choses que l'économie politique appelle *richesses*.

Tous les *biens* sont des *choses*, mais toutes les *choses* ne sont pas des *biens* : ainsi, l'air, la lumière et les astres qui nous donnent cette lumière, sont des choses dont il est certain qu'il nous serait impossible de nous passer, mais ce ne sont pas des biens parce que ces choses sont destinées à l'usage de tous, et que nul ne peut les posséder à l'exclusion des autres hommes. Vous reconnaissez là, n'est-ce pas ? les utilités gratuites, et vous concluez de ce que je viens de dire, que les utilités onéreuses peuvent seules être des biens.

Les biens se divisent en deux grandes classes : les immeubles et les meubles, ou, autrement, les biens immobiliers et les biens mobiliers.

Les immeubles sont les biens que la nature ou l'homme ont rendus intransportables d'un lieu dans un autre, tels que les fonds de terre, les bâtiments, les bois et les forêts, etc. Ce sont aussi les objets mobiliers qu'une attache sérieuse unit à un fonds de terre, à une maison : ainsi les machines nécessaires à l'exploitation d'une usine, les glaces et tableaux dont le cadre fait corps avec la boiserie d'un appartement, etc.

Ce sont enfin les droits qui peuvent avoir pour objet un immeuble : tels que le droit de puiser de l'eau dans le puits du voisin, ou de passer sur le terrain du voisin pour entrer chez soi.

Quant aux meubles, ce sont tous les biens qui ne sont pas des immeubles, soit par leur nature, soit par leur destination, et tout d'abord ce sont les objets qui peuvent se transporter d'un lieu dans un autre ; peu importe qu'ils puissent se mouvoir par eux-mêmes, comme les animaux, ou qu'ils ne puissent être changés de place que par la main de l'homme, comme les choses sans vie ; ainsi sont meubles les chevaux, les chiens, etc. ; les tables, les chaises, le linge, etc.

Il faut également faire rentrer dans la classe des biens mobiliers le salaire de l'ouvrier, les appointements de l'employé, etc., ainsi que les créances qu'on peut avoir sur un débiteur quel qu'il soit et pour quelque cause que ce soit, pourvu que cette cause soit licite.

Après avoir classé les biens, la loi s'est occupée des droits qu'on peut avoir sur eux.

Le système féodal qui régissait autrefois notre pays,

avait donné pour base à la puissance politique la possession territoriale : toute terre dépendait d'une seigneurie, soumise elle-même au titulaire d'une seigneurie plus importante, et l'ensemble de ces dernières constituait le royaume de France. Cette organisation sociale faisait peser sur toutes les terres de nombreux droits réels qui étaient autant d'entraves au développement de la richesse et de la sécurité publiques.

La Révolution de 1789, là aussi, a fait sentir sa bienfaisante influence, car c'est elle qui a brisé toutes ces entraves.

Elle n'a laissé subsister sur les biens qu'un très petit nombre de droits, dont l'ensemble, lorsqu'ils se trouvent réunis, ce qui est le cas le plus fréquent, constitue le droit de propriété.

Le Code civil définit ainsi la propriété : c'est le droit de jouir et de disposer des choses de la manière la plus absolue, pourvu qu'on n'en fasse pas un usage prohibé par les lois ou les règlements.

Il faut ajouter que cette faculté accordée à une personne de retirer de sa chose toute l'utilité qu'elle peut donner, entraîne l'obligation pour toute autre personne de ne pas toucher aux produits de cette chose, et de ne pas gêner le droit du propriétaire. C'est une obligation qui n'est pas purement morale, car la société intervient pour la faire exécuter. Que penseriez-vous d'un pays où chacun ne pourrait consommer en paix ou accumuler pour l'avenir les produits de son travail, sans avoir à les défendre, les armes à la main, contre les convoitises des autres hommes ? Où serait dans ce cas l'attrait du travail ? Sans le travail qui développe et perfectionne les intelligences, sans l'intérêt individuel qui fait aimer le travail, sans la propriété enfin, qui est la forme sensible de l'intérêt individuel, quelle société pourrait subsister?

Les idées de *société* et de *propriété* sont donc inséparables, et il n'est pas étonnant que, chez nous comme chez tous les peuples civilisés, aujourd'hui comme autrefois, la loi montre beaucoup de sollicitude par la défense et la protection de la propriété.

A la suite de la définition qu'il donne du droit de propriété, le code énonce deux principes qu'il importe de vous faire connaître, pour que vous ayez une idée complète de ce qu'est, légalement, la propriété.

1° Nul ne peut être contraint de céder sa propriété, si ce n'est pour cause d'utilité publique, et moyennant une juste et préalable indemnité.

C'est ainsi que le propriétaire d'un champ peut être privé d'une partie ou de la totalité de ce champ pour la construction ou l'élargissement d'un chemin nécessaire à toute une commune. L'intérêt de tous ne doit-il pas primer l'intérêt d'un seul? Ce qui importe, c'est que ce dernier intérêt ne soit ni injustement, ni entièrement sacrifié : or, les formalités exigées par la loi écartent toute idée d'injustice, et le dommage subi par le propriétaire dépossédé est compensé par l'indemnité qui lui est payée avant sa dépossession.

2° La propriété d'une chose, soit mobilière, soit immobilière, donne droit sur tout ce qu'elle produit, et sur ce qui s'y unit accessoirement, soit naturellement, soit artificiellement.

Ainsi, la propriété d'une maison, donne droit d'en percevoir les loyers, la propriété d'une créance donne droit d'en toucher les intérêts, la propriété d'une vache donne droit de tirer profit de son veau, enfin la propriété du sol emporte celle du dessus et du dessous, c'est-à-dire le droit de tuer l'oiseau qui vole au-dessus de ce sol, et de puiser l'eau qui coule souterrainement au-dessous de ce sol ; je ne vous cite ici que quelques exemples, et je renvoie à notre prochaine réunion la suite de nos études sur *la propriété*.

XIX. — La propriété *(suite)*

La loi ne s'est pas bornée à défendre et protéger le droit de propriété, elle a organisé avec beaucoup de soin la manière de l'acquérir.

Ici, mes amis, nous retrouvons la question que nous avions provisoirement mise de côté, celle de la transmission de la propriété.

Pour vous faire comprendre comment et pourquoi la propriété est transmissible, il me suffira d'appeler, tout d'abord, votre attention sur des faits qui se passent tous les jours autour de vous, dans lesquels même vous êtes souvent acteurs.

Je suppose qu'un camarade peu scrupuleux veuille s'emparer du jouet avec lequel vous vous amusez dans les heures de récréation, ou du livre dans lequel vous apprenez vos leçons, que direz-vous à ce camarade? Vous direz : « Il est à moi, c'est ma propriété! » Et s'il vous demande comment vous avez acquis la propriété de ce jouet ou de ce livre, vous ferez évidemment l'une de ces réponses : « Il est à moi, parce que je l'ai acheté », ou bien : « Il est à moi, parce qu'on me l'a donné. » Or, avant de vous appartenir, ce jouet ou ce livre appartenait à une autre personne; la propriété de cet objet a donc été transmise de cette personne à vous-même.

Portons nos regards un peu plus haut, et voyons ce qui

se passe entre les hommes au sujet du plus apparent des biens, de la terre. Comment peut-on acquérir la propriété d'une portion du sol? de la même façon que vous aurez acquis la propriété d'un livre ou d'un jouet : en l'achetant ou en le recevant en cadeau, c'est-à-dire par donation ou héritage.

Je pourrais encore vous citer d'autres moyens d'acquérir la propriété des choses; le premier de ces moyens, qui n'est généralement applicable qu'aux objets mobiliers, vous le connaissez bien; c'est celui qui consiste à les fabriquer soi-même, pourvu qu'on soit légitimement le maître des matières dont ils se composent; c'est ainsi que les artisans sont propriétaires des objets façonnés par eux jusqu'à ce qu'ils les aient vendus aux consommateurs ou aux commerçants

Les autres moyens d'acquérir la propriété sont d'une application difficile ou rare ; exemple : Si vous trouvez un objet mobilier, vous pouvez en acquérir la propriété, en vertu de ce qu'on nomme *l'occupation*, mais ce sera à la condition expresse que cet objet n'appartiendra à personne; or, il est certain que dans une société organisée comme est la nôtre, cette condition sera très rarement remplie : un objet qu'on trouve a toujours un maître, et si on se l'approprie, on n'en acquiert nullement la propriété, parce que la propriété ne peut avoir le vol pour origine.

L'acquisition de la propriété d'une terre par l'occupation est aussi très difficile à réaliser, car pour trouver une terre sans maître, il faut sortir des pays civilisés et aller chez les sauvages. Ceux qui l'ont fait, et ils ont été très nombreux dans l'ouest de l'Amérique du Nord qui a été peuplé de cette manière, ont pu légitimement acquérir la propriété de la portion du sol inculte qu'ils ont close, défrichée, cultivée, fertilisée, et sur laquelle ils ont bâti leur maison d'habitation. Là, en effet, il n'y avait pas de vol, puisque la terre n'appartenait à personne et que l'occupant y avait consacré son travail et sa vie. Je veux vous faire remarquer en passant que, dans cet extrême ouest des États-Unis dont je vous entretenais tout à l'heure, des millions d'hommes qui travaillent, vivent aujourd'hui dans l'aisance, alors que quelques centaines de Peaux-Rouges y mouraient de faim. En effet, une terre cultivée nourrit facilement 1,200 habitants par lieue carrée, tandis qu'une terre inculte nourrit à peine un seul individu dans le même espace.

Ces millions d'hommes dont je viens de parler et qui vivent si bien dans les profondeurs de l'Amérique, existaient-ils quelque part avant la mise en culture des contrées qu'ils habitent? non, ils n'existaient pas : c'est l'intelligent emploi de la force humaine qui a permis leur naissance, comme il permet qu'ils subsistent; et il en sera de même un jour des forêts vierges de l'Afrique, encore soustraites à la civilisation : des millions d'existences humaines y naîtront par le développement de la propriété, née elle-même de l'emploi d'autres existences humaines.

Résumons, mes amis, ce qui précède : lorsque la propriété ne résulte pas d'une appropriation par le travail, elle ne peut avoir d'autre origine que la transmission, et c'est pourquoi elle est, de toute nécessité, transmissible par la volonté du propriétaire.

La propriété consiste dans le droit d'user d'une chose et d'en tirer tous les avantages possibles ; elle consiste aussi dans le droit de se priver de ces avantages, de les *aliéner* (c'est le contraire d'*acquérir*, et cela signifie littéralement *transmettre à un autre*). Ce droit est une conséquence forcée du caractère individuel de la propriété : sans le droit d'aliéner, le propriétaire ne serait plus que le détenteur d'un bien dont la propriété serait évidemment collective.

Un propriétaire a donc le droit d'aliéner un objet qui lui appartient, et il peut faire cette aliénation de diverses façons : il peut d'abord *aliéner a titre onéreux*, c'est-à-dire renoncer à la propriété d'une chose en se faisant donner en échange la propriété d'une autre chose ; c'est ce qui se fait tous les jours entre les marchands et les consommateurs.

S'il peut aliéner à titre onéreux, il peut évidemment *aliéner à titre gratuit*, c'est-à-dire en renonçant à la chose qu'il pourrait recevoir en échange de celle qu'il livre ; c'est un acte de pure bienfaisance, qu'il vous est arrivé, à vous même, mes amis, d'accomplir, lorsque vous avez donné à un camarade un objet qui devait lui être agréable. Quand la propriété d'une terre ou d'une somme d'argent est transmise de cette façon, ce mode de transmission s'appelle *une donation entre vifs*. Dans ce cas, la propriété passe tout entière et immédiatement, avec tous ses avantages, à celui qui reçoit la chose en don.

Je suppose qu'au lieu d'abandonner sans délai tous ces avantages, le propriétaire veuille se les réserver pour en jouir pendant le reste de sa vie ; comment s'y prendra-t-il pour que sa propriété soit transmise après son décès à celui qu'il veut enrichir? Il écrira dans un acte appelé *testament*, qu'il lègue à telle personne la propriété de telle chose, et dans le cas de *legs*, comme dans le cas de *vente* ou de *donation*, la propriété aura été transmise par la volonté expressément déclarée du propriétaire.

Ce n'est pas le cas le plus fréquent, car ce qui se produit le plus souvent, c'est que la transmission se fasse en vertu de la volonté, non déclarée, mais présumée, du propriétaire. Un homme meurt sans faire de testament :

s'il a une famille, la loi suppose avec raison qu'il a voulu que ses biens passassent après lui aux membres de cette famille ; elle interroge ses affections naturelles, et fait le testament qu'il n'a pas fait lui-même, en suivant l'ordre probable de ses affections : elle appelle à recueillir son héritage, ses enfants d'abord, et à leur défaut, ses frères et sœurs, ses neveux et nièces, ses père et mère, et enfin ses cousins et cousines. C'est seulement lorsque le propriétaire décède sans laisser de famille, que les biens sont attribués à l'Etat, et font ainsi retour à la masse commune.

Si l'État agissait autrement, c'est à-dire si la propriété n'était pas transmissible par *succession*, si elle faisait retour à l'Etat lors du décès du propriétaire, l'Etat profiterait d'efforts qui n'ont pas été faits pour lui, et la société qu'il représente se ferait à elle-même un tort considérable au point de vue matériel comme au point de vue moral.

Considérons d'abord le point de vue matériel.

Si les hommes ne pouvaient transmettre les produits de leur travail à leurs enfants, et à défaut d'enfants à leurs proches, à ceux qui descendent d'un même père et d'une même mère, beaucoup d'entre eux cesseraient de produire, dès qu'ils auraient acquis une petite quantité de biens suffisante pour les faire vivre en repos : que de forces seraient perdues alors pour la richesse générale! Une prompte diminution de cette activité sociale qui tend à amener le bien-être de tous, serait la conséquence inévitable de cette suppression de l'un de ses plus énergiques stimulants, le désir, inhérent à la nature de l'homme, d'assurer à sa famille une position supérieure à la sienne propre.

Au point de vue moral, le danger ne serait pas moins grand. Qu'est-ce que l'Etat? une collection de familles; qu'est-ce qui fait l'union de la famille? l'amour des père et mère pour leurs enfants, les sacrifices qu'ils s'imposent pour eux, le respect et l'amour de ceux-ci pour leurs parents, leur reconnaissance pour les bienfaits qu'ils ont reçus d'eux. Supprimez l'aptitude légale des enfants à recueillir l'héritage de leurs parents, et, ce qui resserrait les liens qui les unissaient n'existant pas, vous n'aurez que des individus isolés, indifférents les uns pour les autres, ennuyés d'une vie sans but, par conséquent sans moralité : plus de famille, partant plus d'État, et la misère morale venant s'ajouter à la ruine matérielle!

Voilà quels seraient les résultats du système qui rendrait la propriété intransmissible et qui ordonnerait le retour à la masse commune des richesses conservées ou créées, après la mort de chaque détenteur ou créateur de ces richesses. Ce système vaut donc tout autant que les systèmes qui s'opposent l'inégalité, à l'individualité et à la permanence de la propriété. Ils sont tous également condamnés par l'origine sacrée de la propriété!

La société le sait bien, et elle a même poussé fort loin le système de la transmissibilité? La loi a établi le partage égal des biens entre les enfants, en supprimant le droit d'aînesse, et elle a défendu aux parents de disposer, au détriment d'un ou de plusieurs de leurs descendants, de la totalité de leurs biens, les obligeant à laisser aux moins favorisés une quote-part qu'elle a déterminée et qu'elle nomme *la réserve*. Sous le rapport économique, cette disposition législative a eu pour effet de diviser la propriété dans notre pays en parcelles très nombreuses (pour ne parler que des biens immobiliers, il est bon que vous sachiez qu'il n'y a pas moins de 8,000,000 de personnes qui se partagent la propriété du sol de la France, un peu plus que le quart de la population totale de notre pays, y compris les femmes et les enfants). Vous connaissez les heureux effets de la division du travail sur la production des richesses, les résultats de la division de la propriété n'ont pas été moins heureux, et ils le seront d'autant plus encore que le nombre des propriétaires sera plus considérable.

C'est qu'en effet, mes amis, la propriété, loin d'annihiler la personne comme l'esclavage, est un accroissement de la personne même. Elle est pour ceux qui la possèdent un moyen d'indépendance; elle est accessible à ceux qui ne la possèdent pas, car ils peuvent y arriver par le travail et la liberté.

Ce n'est pas sans raison que j'associe ces deux mots; vous savez que le travail reste infécond sans la liberté : eh bien! mes amis, vous devez savoir aujourd'hui que les mots *capital* et *propriété* doivent être associés de même façon, puisque le droit de propriété n'est pas autre chose, en résumé, que le rapport nécessaire, antérieur à toute loi humaine, qui s'établit entre le capital, tel que je vous l'ai défini, et celui qui l'a formé en accumulant les produits de son travail!

XX — L'épargne

Je vous disais jeudi dernier, mes amis, que la propriété est accessible pour tous et que tous peuvent y arriver par le travail et la liberté. Une autre condition, cependant, est nécessaire; je ne vous l'ai pas indiquée alors, parce que je comptais vous la faire connaître, en vous ramenant, pour un instant, à l'examen de la manière dont se forme le capital.

Je n'ai pas besoin de vous rappeler que les idées de propriété et de capital sont intimement liées, puisque la propriété, c'est le droit qu'on peut avoir sur le capital et sur les produits qui naissent de sa féconde union avec le travail. Vous connaissez, par les explications que je vous ai données, le rôle important qu'il a pris dans la production des richesses. Vous savez enfin qu'il n'est pas autre chose que du travail accumulé par une sage prévoyance.

Arrêtons-nous un moment sur ce mot, mes amis, et demandons-nous ce qu'il veut dire.

Avoir de la prévoyance, c'est avoir la qualité qui consiste à *prévoir*, à *voir d'avance* ce qui pourra advenir par la suite.

Lorsque l'homme primitif, que j'ai déjà pris pour exemple, se confectionnait un arc et des flèches, ou bien un filet, il prévoyait qu'avec l'aide de ces instruments il pourrait se procurer plus facilement qu'auparavant les objets nécessaires à sa nourriture; et par prévoyance, il mettait soigneusement en réserve ces produits de son travail antérieur.

Lorsqu'un industriel achète aujourd'hui une machine, c'est qu'il a prévu que l'emploi de cette machine décuplera les produits de son usine, et que par prévoyance il a, lui aussi, mis en réserve la quantité de produits antérieurs nécessaire pour rémunérer l'auteur de la machine.

Comment appelez-vous le fait auquel a donné lieu cette prévoyance, aussi bien pour l'homme des temps primitifs que pour l'industriel d'aujourd'hui? Quel nom donnez-vous à cette mise en réserve des produits d'un travail antérieur? Vous l'appelez une *épargne;* c'est en effet par l'épargne que se forme le capital, de quelque espèce qu'il soit : qu'il se présente à vos yeux sous la forme d'outils ou de machines, de terres ou d'argent, ou sous telle autre forme encore; qu'il soit capital fixe comme un métier, ou capital circulant comme la matière première mise en œuvre sur ce métier, le capital n'a pas d'autre origine que l'épargne.

C'est là, mes amis, cette condition que je ne vous avais pas nommée, qui permet à tous les travailleurs d'arriver à la propriété, et sans laquelle ils n'y arrivent jamais.

Vous savez bien la différence qu'il faut faire entre le prodigue et l'avare.

Le prodigue dépense tout ce qu'il gagne; il n'épargne rien.

L'avare ne dépense rien, ou presque rien; il se refuse le nécessaire, afin d'épargner davantage, et souvent il enfouit ses épargnes dans une cachette où elles dorment inutiles.

L'homme raisonnable, au contraire, l'homme véritablement prévoyant, ne se refuse rien de ce qui est nécessaire à son existence et à celle de sa famille ; mais il retranche de ses dépenses tout ce qui est superflu, il s'arrange de façon à épargner tous les jours une partie de ce qu'il a gagné par son travail, afin de ne pas mourir de faim en cas de chômage ou de maladie, et de n'être pas réduit à la mendicité quand il ne pourra plus travailler ; afin d'avoir, comme on dit, du pain pour ses vieux jours; et loin d'enfouir ses épargnes, il les transforme en un capital productif.

Quels moyens peut-il employer pour obtenir ce résultat? Il n'a que l'embarras du choix.

Il a d'abord *la Caisse d'Épargne*, admirable institution

qui s'est heureusement généralisée et qui est à la portée de tous, même des écoliers comme vous, mes amis.

Supposons qu'un ouvrier qui gagne 4 francs par jour, mette chaque soir 40 centimes seulement dans un tiroir; s'il travaille 300 jours dans une année, il aura épargné au bout de l'année 120 francs. Si cette somme reste dans son tiroir pendant un an encore, elle ne grossira certainement pas, et le tiroir ne lui rendra que 120 francs. Mais s'il la porte à la caisse d'épargne, qui lui en donnera un reçu sur ce qu'on appelle un *livret*, il trouvera au bout d'un an ses épargnes augmentées d'une somme de 4 fr. 20 c. et il aura 124 fr. 20 c., bien qu'il n'en ait économisé et déposé que 120 : et pourquoi? parce que son argent aura travaillé pour lui, à peu près comme s'il eût eu une journée de travail personnel de plus! Son argent, transformé en capital, aura été, sans qu'il ait eu à s'en occuper, encore moins à s'en inquiéter, associé à un travail quelconque pour la production de richesses nouvelles; et, comme il est juste que tous ceux qui participent à la production d'une richesse nouvelle soient rémunérés chacun selon l'importance de son travail, son argent aura été récompensé par le payement d'un *intérêt*, calculé au taux de 3 1/2 0/0, ce qui veut dire que 100 francs, travaillant ainsi, reçoivent une rémunération de 3 fr. 50 c. pour un an, de 1 fr. 75 c. pour six mois, de 29 centimes pour un mois, et de près d'un centime pour un jour.

Comme il n'est pas nécessaire d'avoir de fortes sommes pour être admis à faire un dépôt à la caisse d'épargne, l'ouvrier prévoyant que nous avons supposé, n'aura pas besoin d'attendre la fin de l'année pour y déposer ses 120 francs; il pourra les déposer par petites fractions, tous les mois par exemple ou toutes les semaines, et, dès la première année, ses 120 francs auront produit un intérêt proportionnel à l'importance et à la durée de chaque placement.

Voulez-vous savoir, mes amis, ce que renferment les caisses d'épargne de France? Environ un milliard de francs appartenant, pour la plus grosse part, à des travailleurs prévoyants qui les ont économisés sou par sou!

C'est que ceux-là savent bien qu'avec une épargne quotidienne de deux sous seulement (je ne parle même plus de 40 centimes comme tout à l'heure), un ouvrier peut avoir, au bout de quarante ans, c'est-à-dire quand vient la vieillesse avec ses infirmités, un capital supérieur à 4,000 francs !

Outre la caisse d'épargne, les ouvriers prévoyants et économes ont à leur disposition *la Caisse des retraites pour la vieillesse*, qui leur assure, pour le temps où ils ne pourront plus gagner leur vie en travaillant, et en échange du versement d'une somme variable suivant leur âge au moment de l'opération, une rente annuelle plus ou moins forte, selon qu'ils en ont abandonné le capital ou qu'ils l'ont réservé pour en faire profiter leurs héritiers; le premier système étant généralement préféré par ceux qui n'ont pas d'enfants, et l'autre système étant avec raison employé par ceux qui en ont.

La Caisse des retraites pour la vieillesse, gérée par le gouvernement, possède aussi des millions qui sont dus, comme ceux de la Caisse d'épargne, à l'esprit de prévoyance et d'économie des plus humbles travailleurs.

D'autres institutions, connues sous le nom général de *Compagnies d'assurances*, offrent, par des moyens analogues, des résultats identiques.

Enfin, mes amis, pour achever de vous donner une idée

des magnifiques résultats de l'épargne, pour vous prouver que tous peuvent par elle arriver à la propriété, je dois vous dire que la plupart des huit millions de propriétaires qui se partagent le sol de la France, sont des travailleurs économes, et que beaucoup d'ouvriers qui ne possèdent pas un pouce de terrain, ont aussi leur part de propriété, formée par leurs épargnes et consistant en valeurs mobilières, telles que les rentes payées par l'État à ceux qui lui ont prêté l'argent dont il avait besoin pour un grand intérêt national, ou les titres émis par les compagnies de chemins de fer, en échange des sommes qu'on leur a prêtées pour la construction de leurs lignes et de leur matériel roulant.

Tous ces millions, mes amis, qu'ils soient déposés à la caisse d'épargne, à la caisse des retraites pour la vieillesse, ou dans une compagnie d'assurances, employés à l'achat d'une pièce de terre, ou bien prêtés à l'État et aux grandes compagnies industrielles, tous ces millions sont loin de rester inoccupés; ils concourent à la multiplication du nombre des produits, à leur perfectionnement; ils en font baisser les prix et, par conséquent, servent à rendre meilleure la situation des travailleurs.

Il en résulte que ceux mêmes dont les petites épargnes ont contribué à former ces grosses sommes, obtiennent un double bénéfice dont ils seraient privés s'ils gardaient leurs économies dans un tiroir : bénéfice direct, par l'intérêt de l'argent placé, lequel augmente leur capital, et met ainsi leur vieillesse à l'abri de la misère; bénéfice indirect, par l'abaissement du prix des objets utiles à eux-mêmes, lequel est dû à la part prise par leurs épargnes dans la production générale des richesses.

Il faut, mes amis, contracter dès l'enfance l'habitude de l'épargne; il faut persévérer toute sa vie dans cette habitude, et pour cela il faut, non seulement un peu de prévoyance, mais beaucoup de sobriété. Il faut avoir horreur de l'ivresse, d'abord parce qu'elle nuit à l'épargne et conduit tout droit à la misère ; ensuite parce qu'elle ravale l'homme au niveau de la brute en lui retirant sa raison, pour un temps, quand ce n'est pas pour toujours !

Car on ne saurait trop faire connaître à ceux qui l'ignorent et répéter à ceux qui le savent, que la plupart des malheureux qu'on est obligé d'enfermer dans les asiles d'aliénés et qui y terminent si promptement leur existence dégradée, y sont amenés par l'abus des liqueurs alcooliques, qui s'entendent si bien à détruire les meilleurs tempéraments et à abréger la vie des plus robustes !

Voici donc, mes amis, le choix que tout travailleur est appelé à faire : d'un côté, la prodigalité qui a pour conséquence la mendicité quand la vieillesse est venue, la paresse et l'ivrognerie qui conduisent à la misère et à la folie ; et de l'autre côté, l'activité dans le travail, l'esprit de prévoyance et d'économie, la sobriété qui conserve les facultés intellectuelles et qui pousse à l'épargne, et leur conséquence : une vieillesse honorée et préservée du besoin par la formation d'un petit capital qui vient grossir le capital général et activer ainsi la production ; c'est à dire, un service rendu tout à la fois à soi-même et à la société tout entière !

XXI — L'intelligence

Mes amis, je compte achever aujourd'hui de vous donner les notions nécessaires sur la production des richesses, en vous entretenant du troisième facteur de cette production, *l'intelligence*.

L'homme peut produire beaucoup par le travail et le capital, mais c'est à la condition que l'intelligence dirigera son travail et réglera l'emploi du capital dont il dispose.

Il suffit, pour en avoir la preuve, de voir ce qui se passe dans les diverses productions dues à l'activité humaine. Je ne parle pas en ce moment des productions littéraires, artistiques ou scientifiques; le rôle prépondérant de l'intelligence dans ces productions frappe tous les yeux; je veux seulement parler des productions matérielles dues à l'agriculture, au commerce ou à l'industrie.

N'est-ce pas l'intelligence qui peut seule indiquer à l'agriculteur le travail qu'il doit faire à telle époque de l'année, la culture qui convient à telle espèce de terrain, le moment qu'il faut choisir pour les semences ou les plantations, les moyens à employer pour augmenter le rendement d'un vignoble, et bien d'autres choses encore qu'il serait trop long d'énumérer?

N'est-ce pas l'intelligence qui permet au commerçant de distinguer s'il convient de faire peu ou beaucoup d'achats, de déterminer quel pays fournit les produits les meilleurs au moindre prix, quelle est la voie la plus courte ou la plus économique pour amener ces produits dans ses magasins, etc.?

N'est-ce pas enfin l'intelligence qui pousse l'industriel à augmenter ou à ralentir la production dans son atelier, qui lui apprend quand et comment il devra se procurer les matières premières nécessaires à cette production, et qui lui dicte les décisions à prendre dans telle circonstance ou dans telle autre?

Il en a été ainsi de tous temps et en tous pays, mes amis, et si vous voulez vous reporter en esprit jusqu'aux premiers âges du monde, tels qu'ils nous sont racontés par la Bible, vous verrez que les premiers hommes qui aient dû travailler afin de pourvoir à leur subsistance, ont fait appel à leur intelligence pour accroître les fruits de leur labeur quotidien, les uns, comme Abel et les descendants de Seth, en soignant les troupeaux, les autres, comme les descendants de Caïn, en forgeant le fer et en inventant la charrue.

Je ne vous dirai pas que dans ce temps-là l'intelligence eût dans la production le grand rôle qui lui appartient aujourd'hui; non ! Dans l'enfance des sociétés humaines, comme à leur apogée, les trois facteurs de la production ont une importance fort inégale.

Au début, c'est le travail qui domine, l'intelligence est peu développée encore, et le capital est presque nul.

Peu à peu, le capital reçoit une grande extension, l'intelligence n'occupant encore que le second rang, et le travail n'est plus que l'auxiliaire indispensable, mais souvent humilié, des deux premiers facteurs.

Mais quand la société est parvenue à son plein développement, quand le progrès n'est plus, comme autrefois, un sujet de haine et de proscription; quand, au contraire, la poursuite du progrès est, comme aujourd'hui, l'objet principal des préoccupations de tous, l'intelligence prend la première place, celle qui lui est véritablement due; le capital, sur la formation duquel elle a tant d'action vient en second lieu; le travail, sans lequel les deux autres seraient inutiles, met en œuvre la puissance dont ils disposent; il devient moins dur et moins ingrat, mais en même temps il est plus honoré et mieux récompensé, car il n'a rien perdu de son importance primitive, c'est seulement l'importance de ses collaborateurs qui a grandi.

Ainsi donc, mes amis, c'est l'intelligence humaine qui

a, de nos jours, la plus grande part à la production des richesses. Comment en serait-il autrement, quand vous n'avez qu'à jeter vos regards autour de vous pour trouver l'une ou l'autre de ses nombreuses manifestations?

Parlons d'abord du livre et de l'admirable invention de Gutenberg, parce que c'est à l'imprimerie, qui a multiplié les livres, qu'est due la suprématie de l'intelligence humaine dans l'ordre économique, parce que c'est le livre qui met à la disposition de toute génération nouvelle une sorte de capital intellectuel, appartenant à tous, et formé des connaissances acquises par les générations précédentes. Où trouver un plus frappant exemple du rôle de l'intelligence? et pourtant, je pourrais vous indiquer un instrument bien utile, aussi simple qu'il est remarquable, la brouette, dont l'invention est due à l'intelligence d'un grand savant qui a été en même temps un grand écrivain, de Blaise Pascal.

Je pourrais vous citer encore Parmentier qui a fait entrer dans l'alimentation ce légume si nourrissant qu'on appelle la pomme de terre, Papin qui a trouvé la machine à vapeur, Fulton qui l'a appliquée le premier à la navigation, et Georges Stephenson à qui sont dus les chemins de fer.

Cette liste pourrait être interminable; je me borne donc à vous donner ces quelques exemples, et je passe à une question qui a son importance.

Le travail n'est fécond que par la liberté, le capital ne peut exister sans la propriété; l'intelligence ne réclame-t-elle pas aussi une condition nécessaire à son action? Assurément oui, mes amis, et cette condition, c'est *l'instruction*.

De même que par l'épargne, tout travailleur peut arriver

à la propriété d'un capital, de même il peut, en développant son intelligence par l'instruction, améliorer beaucoup sa situation.

Tous les hommes n'ont pas une intelligence égale ; mais, sans l'instruction, les plus intelligents ne valent pas beaucoup plus que ceux qui le sont moins, tandis que, par l'instruction, les moins intelligents deviennent supérieurs à ceux qui le sont plus. On a même vu l'instruction produire de véritables miracles qui pourraient autoriser les mieux doués à espérer les plus hautes destinées ! Plus d'un grand homme est parti des derniers rangs de la société pour s'élever aux premiers : sans parler du pape Sixte-Quint qui avait été gardeur de pourceaux, on peut citer, dans des temps moins éloignés du nôtre, l'Américain Franklin, l'inventeur du paratonnerre, qui a été ouvrier et qui est devenu l'un des premiers personnages de son pays ; Abraham Lincoln, qui est mort président des États-Unis, payant de sa vie l'abolition de l'esclavage, et qui avait commencé par être bûcheron; Georges Stephenson enfin, dont je vous disais tout à l'heure le nom, qui était ouvrier mineur et à qui l'Angleterre a élevé des statues, par reconnaissance pour les immenses services qu'il a rendus à sa patrie et au monde entier, en inventant les chemins de fer.

Tous ceux dont je vous cite les noms ont acquis, presque seuls, à force de privations et de veilles, l'instruction qui devait développer à ce point leur intelligence. Stephenson, entre autres, gagnant bien juste ce qu'il lui fallait pour vivre, par son travail journalier dans une mine de charbon, s'occupait le soir à raccommoder des souliers, et, avec le produit de ce labeur supplémentaire, achetait des livres qu'il lisait pendant la nuit, prenant à peine quelques heures de repos !

Les ouvriers d'aujourd'hui sont plus heureux que ne l'était Stephenson, ils ont gratuitement à leur disposition les livres qui manquaient à ce grand homme : écoliers, ils ont la bibliothèque de l'école ; hommes faits, ils ont la bibliothèque populaire ou communale, où ils peuvent passer des soirées plus utiles à eux-mêmes et à leur avenir que s'ils les passaient au cabaret ; à moins qu'ils ne préfèrent y emprunter des livres qu'ils liront le soir à leur famille et qui instruiront ainsi un plus grand nombre de personnes à la fois.

Assurément, ce serait un rêve de penser que tous ceux qui auront cherché à s'instruire en lisant les chefs-d'œuvre de l'esprit humain, qui auront développé leur intelligence par l'étude des sciences, que tous ceux-là deviendront des Lincoln ou des Stephenson ! Mais ce qu'on peut assurer, c'est que tous seront plus contents d'eux-mêmes, qu'ils se livreront avec plus d'entrain à leur besogne accoutumée, que dès lors il la feront mieux, qu'ils seront très certainement remarqués par ceux qui les emploient, par suite mieux payés, et que, tout se tenant dans ce monde, ils verront tout à la fois se former, puis grossir le capital matériel qui mettra leur vieillesse à l'abri du besoin, et le capital moral qui leur vaudra l'estime de leurs concitoyens !

XXII — L'échange.

Mes amis, lorsqu'un voyageur qui a une longue route à parcourir, est parvenu, vers le milieu de cette route, sur une éminence d'où son regard peut embrasser un vaste horizon, il se retourne pour contempler pendant quelques instants les contrées qu'il a traversées et pour se rendre compte du chemin qu'il a fait ; après quoi il se remet en marche, rendu plus dispos par ce rapide examen, et ses pas, qui n'ont plus les hésitations des premiers temps, le rapprochent chaque jour davantage du terme de son entreprise.

Nous allons imiter ce voyageur, et profiter du moment où nous avons fini d'étudier les notions élémentaires qui se rapportent à la production des richesses, pour faire une revue très rapide de ces notions, et pour nous mettre ainsi mieux en état d'aborder de nouvelles questions qui ne seront pas moins intéressantes et qu'il n'est pas moins utile de connaître.

Vous savez que l'homme ne peut rien créer : il transforme seulement, pour en faire des objets utiles à lui-même, les matériaux sans nombre que la nature a mis si libéralement à sa disposition, et il produit ainsi des richesses nouvelles. Pour cette production, il se sert d'abord de certains agents naturels, et ensuite de trois éléments sans l'union desquels ses vœux seraient stériles et ses besoins inassouvis.

Ces trois éléments, nécessaires à toute production, sont le travail, le capital et l'intelligence.

Le travail est par la force même des choses divisé entre les hommes, et c'est grâce à cette division que le sort de chacun de nous devient supportable. Il a de plus besoin d'être libre pour être fécond, car c'est par la liberté qu'il devient lucratif et honorable.

Le capital est le résultat de l'accumulation des produits obtenus précédemment, et son intervention, indispensable pour toute production, a pour effet d'accroître cette production et de rendre ainsi la vie plus facile pour tous; sous ce rapport, l'emploi des machines a été un véritable bienfait, puisqu'elles ont, tout à la fois, augmenté le nombre des ouvriers et assuré le bien-être général. Le capital, étudié dans ses rapports avec ceux qui l'ont formé, s'appelle la propriété, et la propriété avec ses principaux caractères qui sont l'individualité, l'inégalité, la permanence et la transmissibilité par la volonté du propriétaire, la propriété, dis-je, a droit au respect de tous, parce qu'elle est éminemment juste et nécessaire, et que, de plus, elle est, par le moyen de l'épargne, accessible à tous.

Enfin, l'intelligence, qui est un don divin, et qui de tous temps s'est manifestée dans toute espèce de production, prend de nos jours un rôle de plus en plus prépondérant, sans cependant réduire en aucune façon celui des deux autres facteurs; des exemples fameux le prouvent, mais ils démontrent en même temps la nécessité de l'instruction ; sans elle, en effet, l'intelligence de l'homme s'atrophie et ressemble bientôt à la lueur incertaine et vacillante d'une lampe près de s'éteindre, qui ne lui laisse voir que des objets confus et ne lui permet point de diriger sûrement ses pas.

Résumons plus brièvement encore ces notions déjà résumées : les richesses sont produites par le concours permanent du travail, du capital et de l'intelligence, et ces trois facteurs de la production ne deviennent féconds que par la liberté, par la propriété et par l'instruction !

Vous connaissez donc, mes amis, les principales lois qui président à la production des richesses; c'est déjà beaucoup, mais cela ne suffit pas : il faut savoir aussi comment les richesses produites se distribuent ; en d'autres termes, comment elles sont mises à la portée de ceux à qui elles sont nécessaires, et comment se répartissent les bénéfices qui résultent de leur création : soit deux ordres de faits différents ; occupons-nous d'abord du premier.

Dans l'une de mes précédentes leçons, consacrée à l'étude de la notion de *valeur*, je vous disais ceci : les produits qui ne nous sont pas utiles directement, ne nous sont cependant pas inutiles, parce qu'ils ont pour d'autres personnes à qui ils font défaut, une utilité qui détermine ces personnes à se dessaisir en notre faveur d'autres objets qui nous manquent.

En voici la preuve que je tire, comme je l'ai déjà fait plusieurs fois, de vos amusements ordinaires : l'un de vous a deux toupies, alors qu'une seule lui est nécessaire, mais il n'a pas de billes et désirerait cependant s'en procurer quelques-unes; il apprend que son camarade, qui a beaucoup de billes et qui n'a pas une seule toupie, voudrait bien en avoir une. Que fait-il? il va trouver le possesseur des billes, et lui propose d'échanger contre l'une de ses toupies, le nombre de billes qu'il a en trop; celui-ci consent, l'échange se fait, et tous deux se montrent satisfaits de l'opération.

Eh bien, mes amis, c'est ainsi, d'une manière générale, que les choses se passent entre les hommes : ils font *l'échange* des objets qu'ils possèdent en excès contre des objets qu'ils n'ont pas et que d'autres possèdent également en excès.

Revenons pour un instant à ces peuplades sauvages qui se partageaient le sol de nos contrées dans les temps primitifs et qui y menaient une existence si misérable; cherchons ce qui devait se passer entre elles.

Nous supposerons deux de ces peuplades : l'une habitant la plaine au bord d'un fleuve, l'autre habitant la forêt au sommet d'une montagne; la première adonnée forcément à la pêche et la faisant au moyen de lignes ou de filets, la seconde demandant à la chasse les moyens de vivre et la pratiquant avec des arcs et des flèches.

Il a dû arriver qu'un jour, les riverains du fleuve se sont lassés de ne manger que du poisson, et ont vivement désiré de la viande; que de leur côté les chasseurs de la montagne n'ont pas été fâchés de substituer, ne fût-ce que pour une fois, un peu de poisson à la chair des animaux dont ils étaient repus. C'est alors qu'ils ont eu, les uns ou les autres, l'idée de troquer une certaine quantité de poisson contre une certaine quantité de gibier; comme l'opération ainsi faite ne leur a laissé que de bons souvenirs, ils l'ont recommencée souvent, et l'usage s'est établi entre ces deux peuplades d'échanger les produits de leur industrie respective.

Tel a dû être, mes amis, tel a été certainement le premier échange fait entre les hommes. C'est encore au moyen de l'échange que les produits sont mis à la portée de ceux qui les désirent, et ce qui se passe à cet égard dans notre société civilisée est au fond la même chose que ce qui s'est passé entre ces sauvages.

Je ne parle, bien entendu, que du principe de la distribution des richesses, car, si on l'étudie dans les détails, on voit qu'elle s'est considérablement compliquée par suite de l'augmentation simultanée du nombre des produits et des besoins qu'ils sont appelés à satisfaire.

Grâce aux moyens puissants dont il dispose aujourd'hui et que je vous ai fait connaître, tout travailleur produit beaucoup plus d'objets qu'il n'en peut consommer, et, d'un autre côté, la quantité des objets qui lui sont utiles et qu'il ne produit pas lui-même, est telle que sa vie entière ne suffirait pas à les lui fournir. S'il lui fallait faire directement l'échange des produits de son travail contre tous les produits qui lui manquent, s'il lui fallait s'adresser successivement à chacun des producteurs, il perdrait un temps précieux (à supposer même que la chose fût possible, ce qui n'est pas), et il n'aurait plus une seule minute à consacrer à son propre travail ; d'où il résulterait qu'il n'aurait bientôt plus rien à donner en échange des objets dont il a besoin !

L'échange direct, que les sociétés peuvent pratiquer dans leur enfance et qui se nomme *le troc*, est donc impraticable dans les sociétés civilisées ; c'est alors que *le commerce* intervient avec les moyens qui lui sont propres, et qu'il fait disparaître toutes les difficultés nées de la multiplicité des besoins et de l'abondance des produits.

Vous verrez bientôt quels sont ces moyens, car je me propose de les passer l'un après l'autre en revue.

XXIII. — La monnaie.

Pour vous démontrer, mes amis, que l'échange direct des richesses entre les producteurs est impraticable, je me suis uniquement appuyé sur le grand nombre des objets utiles à l'homme et sur l'impossibilité pour le producteur d'un de ces objets de continuer sa production, s'il lui fallait perdre son temps à courir successivement chez chacun de ceux qui produisent les autres objets.

J'aurais pu ajouter ceci : est-ce que ce producteur ne risquerait pas, en outre, de ne point trouver le placement du produit qui lui appartient chez celui-là même qui fabriquerait l'objet dont il a besoin ? Un exemple vous rendra ceci plus clair ; supposez qu'un cordonnier se rende chez un boulanger et lui dise : « Voici une paire de souliers, en échange de laquelle vous me fournirez le pain dont j'ai besoin pendant dix jours. » Il peut se faire que le boulanger accepte ce marché une première fois, mais il arrivera un moment où il répondra au cordonnier : « Je ne peux pas accepter vos souliers parce que j'en ai déjà plus que je n'en userai pendant une année entière ; mais je n'ai pas de chapeau ; allez donc voir si le chapelier ne pourrait pas vous donner, en échange de ces souliers, un chapeau que vous m'apporteriez, et en échange duquel je vous fournirais encore du pain pendant dix jours. » Croyez-vous, mes amis, qu'avec de pareilles complications l'échange serait facile et la vie supportable? Évidemment non, et il a fallu trouver, pour échanger les produits, un objet que tous les producteurs pourraient accepter, parce qu'ils seraient sûrs qu'au moyen de cet objet ils pourraient se procurer tous les autres. C'est alors qu'on a eu recours à *la monnaie.*

L'étude du système métrique vous a appris qu'avec le mètre on mesure la longueur d'une corde, qu'avec le litre on mesure la capacité d'un vase, etc. La monnaie remplit un rôle identique, elle sert à *mesurer la valeur des objets.* Nous parlions, il n'y a qu'un instant, d'un chapeau, d'une paire de souliers et d'un pain: comment mesurera-t-on la valeur de ces objets? en les comparant l'un après l'autre avec l'unité de monnaie, qui pour nous est le franc. On dira : ce chapeau vaut 10 francs, cette paire de souliers vaut 10 francs, et ce pain vaut un franc. Comme deux quantités égales à une troisième quantité sont égales entre elles, nous apprenons ainsi que le chapelier pourrait donner au cordonnier un chapeau en échange d'une paire de souliers, et que le boulanger devrait donner dix fois un pain pour se procurer ce chapeau ou cette paire de souliers. Mais nous l'apprenons d'une façon beaucoup plus simple, moins sujette à l'erreur que si nous étions forcés de calculer nous-mêmes la valeur relative de tant d'objets qui nous sont nécessaires, quand nous connaissons à peine, quand nous ignorons même les conditions de leur fabrication.

Que de difficultés évitées par l'emploi de la monnaie !

Le cordonnier vend à n'importe qui la paire de souliers qu'il a faite, et avec les 10 francs qu'il a reçus en paiement, il achète dix fois de suite un pain d'un franc chez le boulanger, qui à son tour, porte ces dix francs au chapelier et obtient de lui en échange le chapeau dont il a besoin ; et ainsi de suite, en sorte, mes amis, que cette même dizaine de francs peut en très peu de temps servir à mesurer et à payer une multitude d'objets très différents, sans que nul ait été un seul instant embarrassé, ou plus que de raison détourné de son travail et entravé dans sa production.

Je viens de dire qu'une somme de dix francs pourrait servir à mesurer et à payer beaucoup d'objets ; c'est à dessein que j'ai rapproché ces deux mots : *mesurer* et *payer*. La monnaie, en effet, ne doit pas être seulement un *signe conventionnel*, elle doit être en même temps une *valeur* (je ne reviens pas sur la signification de ce dernier mot parce qu'elle doit être bien connue de vous).

La monnaie est un signe conventionnel, en ce sens que les hommes sont convenus que tel ou tel objet servira d'unité de monnaie, de mesure, pour faciliter entre eux les échanges ; mais *elle doit être une valeur,* par la raison qu'elle est destinée à servir de terme de comparaison entre deux autres valeurs échangeables. Rappelez-vous la formule mathématique que j'ai déjà citée : deux quantités égales à une troisième quantité sont égales entre elles. Pour que la troisième quantité, qui dans l'espèce est la monnaie, soit égale à chacune des autres quantités, qui sont des valeurs, il faut qu'elle-même soit une valeur, c'est-à-dire un objet utile à tous et acceptable par tous.

Dès que les hommes eurent reconnu la nécessité d'avoir une monnaie, c'est à cette dernière condition qu'ils se sont attachés pour déterminer l'objet qui en tiendrait lieu; aussi la monnaie a-t-elle consisté tout d'abord dans un objet d'une vente facile.

C'est ainsi que les peuples chasseurs du nord de l'Amérique avaient pris pour monnaie les peaux des animaux qu'ils tuaient, martres, ours, castors, etc. ; que les peuples pasteurs de l'antiquité avaient choisi pour le même usage les bœufs et les moutons ; enfin, que les peuples agriculteurs avaient fait du blé leur monnaie.

Mais ces objets peuvent se détériorer promptement par le temps, comme le blé, ou par l'usage, comme les fourrures; ils peuvent périr même, comme les bœufs et les moutons qu'il faut nourrir jusqu'au moment où ils seront donnés en paiement d'un autre objet. De plus, la valeur d'une peau de martre ne peut pas être absolument identique à celle d'une autre peau de martre : on y trouvera toujours quelque différence ; il en est de même de la valeur du blé et de celle des bestiaux. Enfin, le transport de plusieurs peaux ou de plusieurs sacs de blé est difficile à cause de leur volume encombrant et de leur poids, et la difficulté est beaucoup plus grande encore s'il s'agit d'animaux vivants, tels que les bœufs et les moutons, dont il faudrait toujours traîner un troupeau derrière soi, pour se livrer aux actes de commerce.

J'ajoute qu'avec ces types de monnaie, sauf pour le blé peut-être, il serait impossible de se procurer des objets d'une valeur inférieure ou supérieure à celle du type même: un animal vivant n'est pas divisible ; une fourrure est divisible, mais, découpée en petites bandes, elle perd presque toute sa valeur; ces objets ne permettraient donc pas de payer les appoints.

Pour toutes ces raisons, leur emploi comme monnaie dans une société comme la nôtre, aurait pour effet certain d'entraver les échanges, et même de les annuler complètement.

Les inconvénients seront bien pires encore si, comme certaines peuplades sauvages, on prend pour monnaie des coquillages, qui sont tout'à la fois extrêmement fragiles et si abondants au bord de la mer qu'il n'y a, comme on dit, qu'à se baisser pour en prendre, et qu'il dépendrait du premier venu de raréfier ou de multiplier la monnaie selon ses intérêts du moment. Quelle fixité pourrait exister dans la valeur relative des choses, si la monnaie pouvait être ainsi à la merci de chacun, si elle pouvait subir de semblables diminutions ou de semblables accroissements?

Les inconvénients qui s'opposent à l'adoption, comme type de monnaie, de tous les objets que j'ai énumérés, n'existent pas pour ceux que les sociétés modernes ont adoptés, et qui sont, ainsi que vous le savez bien, mes amis, l'or et l'argent; je ne parle pas de cet alliage de cuivre et d'étain dont on fait *le billon*, en d'autres termes, les pièces de 1, 2, 5 et 10 centimes, parce que ces pièces sont de véritables jetons représentatifs des valeurs minimes.

L'or et l'argent, avec lesquels nous faisons notre monnaie, sont des métaux précieux, qui peuvent servir à d'autres usages; on s'en sert en effet pour fabriquer les bijoux, les cuillers et fourchettes, etc.; ils ont donc une valeur certaine qui les fait accepter de tout le monde. Cette valeur a, comme toutes les autres, ses variations; mais elles sont rares et de peu d'importance, car la multiplication de l'or ou de l'argent n'est pas une chose facile: on sait en général ce que rendent les mines connues.

L'or et l'argent, employés comme monnaie, offrent encore

différents avantages : d'abord, ils contiennent beaucoup de valeur sous un petit volume et sont assez durs pour résister à un long frottement ; ensuite, ils sont faciles à manier, à transporter, ne se salissent point et ne sont par conséquent nullement dangereux pour la santé publique.

Il existe une substance qui présente, à un degré plus élevé encore, les mêmes avantages : c'est le diamant, bien plus dur que l'or ou l'argent, aussi propre pour le moins que ces métaux, et contenant beaucoup plus de valeur sous un volume bien plus petit. Tout cela est vrai ; mais le diamant ne pourrait servir de monnaie, parce qu'il ne pourrait offrir deux conditions qui sont indispensables pour une monnaie bien faite, savoir : d'être divisible en petites fractions et d'être susceptible de recevoir une empreinte qui permette d'en exprimer officiellement la valeur.

Divisez en effet en dix fractions un diamant, et vous obtiendrez ce résultat que, loin de valoir seulement la dixième partie du diamant entier, chaque fraction n'en vaudra peut-être pas la centième partie. Et pourquoi ? Parce que l'on ne peut reconstituer un diamant qui a été brisé, tandis que l'or et l'argent peuvent être successivement frappés en grosses pièces et en petites, fondus en un lingot, employés en bijoux, remis en lingot et frappés de nouveau en monnaie.

C'est pour cette raison, et aussi pour toutes celles que je viens d'énumérer, que l'or et l'argent seront longtemps encore, sinon toujours, en possession du droit de nous servir de monnaie, et que sous leur double condition de *valeur réelle* et de *signe conventionnel*, toujours en rapports étroits l'un avec l'autre (à défaut d'une identité absolue qui est impossible), ils seront l'un des moyens les plus efficaces dont la société puisse se servir pour assurer la distribution et la circulation des richesses.

XXIV. — La valeur et le prix

Si vous avez suivi avec attention, mes amis, les explications que je vous ai données sur la monnaie dans ma dernière leçon, vous devez bien connaître la fonction importante qu'elle remplit dans la distribution des richesses. Néanmoins, je la résume en quelques mots pour rendre plus intelligibles les faits que je compte vous exposer aujourd'hui.

Le vendeur échange un produit contre de la monnaie, et avec cette monnaie il achète d'autres produits ; le troc se fait donc indirectement et par deux opérations, au lieu de se faire directement par une seule, et, comme la monnaie est entre les mains de tous, tous se trouvent sans difficulté mis en rapport les uns avec les autres.

Il s'agit maintenant de déterminer la quantité de monnaie qui devra être donnée en échange de chaque produit ; en d'autres termes, de déterminer la valeur de ce produit.

Vous vous rappelez certainement ce que je vous ai dit, au début de ces petites conférences, sur la notion de *valeur* : vous savez que l'utilité d'un objet en fait la valeur ; j'ajoute aujourd'hui que lorsque cette valeur est exprimée en monnaie, elle prend le nom de *prix*.

Lorsque quelqu'un achète un objet, il tient en lui-même, instinctivement, le raisonnement suivant : « Cet objet m'est utile, donc il a pour moi une certaine valeur, et je suis disposé à reconnaître cette valeur en payant tel prix. »

Ce n'est pas le même raisonnement que tient le marchand, bien qu'il doive, lui aussi, s'inquiéter de l'utilité qu'aura l'objet par lui mis en vente, et que cette utilité probable ait été la cause déterminante de sa production. Le marchand se dit ceci : « La fabrication de cet objet m'a coûté telle somme, sa valeur est donc pour moi au moins égale à cette somme, elle doit même être supérieure pour que je recueille un bénéfice, et je dois, par conséquent, faire reconnaître cette valeur en demandant tel prix. »

De ce double raisonnement il résulte que la valeur de l'objet en question se trouve finalement déterminée par l'accord qui s'établit entre l'acheteur et le vendeur, c'est-à-dire entre deux personnes dont l'une voit seulement l'utilité que l'objet a pour elle, tandis que l'autre ne perd pas de vue le coût de sa fabrication.

De là des variations de prix qui se manifestent, non pas seulement entre des objets différents, mais entre des objets de même nature et de même importance. Il est bon de rechercher les causes de ces variations.

Comme c'est ordinairement le marchand qui indique d'abord le prix qu'il veut obtenir, sauf à l'acheteur à discuter ce prix, c'est par l'intérêt du marchand qu'il nous faut commencer notre recherche.

Il est évident que si un producteur n'espérait pas trouver un avantage dans le travail auquel il se livre, il ne l'entreprendrait pas. Aussi doit-il d'abord supputer les frais nécessaires à la fabrication de ses produits, et y ajouter un bénéfice raisonnable (ce qui est extrêmement légitime, puisqu'il rend un service aux consommateurs) : le résultat de ce double calcul doit être le prix de vente.

Nous pouvons donc poser un premier principe, savoir : que la valeur des choses se détermine d'après les frais de leur production.

Ce principe suffit à expliquer pourquoi les objets qui

diffèrent par leur nature ou leur importance, diffèrent aussi de valeur et de prix. Il est clair qu'une robe de soie doit être vendue plus cher qu'une robe de laine, par la raison que le producteur a déboursé, pour avoir la matière première que nécessite leur fabrication, plus d'argent dans un cas que dans l'autre ; on comprend aussi très facilement que deux robes de laine auront une valeur bien différente, si l'une est destinée à une petite fille et l'autre à sa mère : le producteur aura en effet dépensé moins d'argent pour se procurer l'etoffe nécessaire à la fabrication de la petite robe que pour se procurer celle qui est nécessaire à la confection de la grande.

Assurément, mes amis, le principe que je viens d'énoncer n'a pas la rigueur d'une loi à laquelle chacun est tenu d'obéir, sans pouvoir s'en écarter : il arrive très souvent que des objets sont cotés et vendus à des prix qui sont inférieurs ou supérieurs aux frais de production. Je vous en dirai bientôt la raison ; je me borne, en ce moment, à vous rappeler qu'il n'y a rien d'absolu en économie politique, parce qu'il faut toujours compter avec la liberté humaine.

Le principe que j'ai posé doit donc s'entendre en ce sens que le prix de vente des choses tend toujours à se rapprocher de leur prix de revient, et qu'il se tient légèrement au-dessus ou au-dessous, de même que l'aiguille qui surmonte le fléau d'une balance, oscille autour du point fixe qui l'attire, mais se confond rarement avec lui.

Il est aisé d'en donner la preuve : lorsqu'un objet se vend généralement à un prix inférieur aux frais de production, la plupart de ceux qui se livrent à la fabrication de cet objet, se trouvent découragés par les pertes constantes qu'ils subissent, et abandonnent bientôt ce ruineux travail : par suite, la quantité des produits diminue, et immédiatement leur valeur se relève, parce qu'ils sont moins nombreux.

A l'inverse, quand un objet se vend facilement à un prix de beaucoup supérieur aux frais de production et devient ainsi pour son producteur une source de profits considérables, d'autres personnes sont tentées de se livrer à la même fabrication : par suite la quantité des produits augmente, et immédiatement leur valeur s'abaisse parce qu'ils sont plus nombreux.

Dans un cas comme dans l'autre, la valeur de l'objet se sera donc rapprochée des frais de production.

Je viens d'effleurer, mes amis, l'une des questions les plus intéressantes qui puissent s'agiter à l'occasion de la valeur des choses, *la question de l'offre et de la demande.*

Elle mérite qu'on l'étudie avec quelques détails, car c'est elle qui nous expliquera, en partie du moins, pourquoi des objets de même nature et de même importance subissent souvent de fortes variations de prix, pourquoi leur valeur s'élève ou s'abaisse, s'éloignant plus ou moins de ce point central que nous venons de reconnaître et qui est le coût de la fabrication.

Nous étudierons donc la loi de l'offre et de la demande dans notre prochaine réunion.

XXV. — L'offre et la demande.

Mes amis, ce qu'on a appelé *la loi de l'offre et de la demande* a pour point de départ l'observation suivante :

Lorsqu'un produit est très demandé par les consommateurs et que la quantité offerte par les producteurs est petite, le prix de ce produit éprouve une hausse très sensible.

Au contraire, lorsqu'il se présente peu d'acheteurs pour un produit, qui est en même temps offert en grande quantité par les marchands, le prix subit une baisse immédiate.

En d'autres termes, quand le marchand a besoin de vendre sans retard, c'est lui qui cède sur le prix, afin de provoquer par une offre avantageuse la venue de nouveaux consommateurs; au contraire, quand le marchand voit que beaucoup d'acheteurs demandent ses produits, il tient ferme, n'abandonne rien de ses premières prétentions, et même augmente ses prix.

Cherchons des exemples à l'appui de cette théorie, afin de la rendre plus claire.

S'il est une marchandise dont le prix soit susceptible d'être brusquement modifié par le jeu de l'offre et de la demande, c'est assurément le poisson. En effet, la pêche donne des résultats très variables; bonne un jour parce qu'il a fait un peu de vent, elle est improductive les jours suivants parce qu'il en a fait trop ou trop peu.

Je suppose que le poisson soit rare sur le marché un jour où tout le monde voudra en avoir, un vendredi par exemple; la demande sera grande, la quantité offerte sera petite, et, par une conséquence forcée, le prix sera très élevé.

Je suppose au contraire qu'il y ait eu un fort arrivage de poisson à un jour quelconque de la semaine, autre que le vendredi; c'est l'offre qui deviendra pressante, la demande restant dans les limites ordinaires, et le prix ne tardera pas à baisser. Bien mieux même: si cette grande abondance de poisson coïncide avec une température orageuse qui menace la denrée en question d'une perte prompte et totale, on verra la demande diminuer de plus en plus, l'offre se faire plus pressante que jamais, et, en définitive, le prix des plus belles pièces de poisson tombera si bas que les marchands céderont pour quelques sous ce qui en d'autres occasions aurait valu quelques francs !

Vous devez comprendre, mes amis, que c'est à ce véritable jeu de bascule que sont dues le plus souvent les variations éprouvées par le prix des choses, variations qui éloignent ce prix, dans un sens ou dans l'autre, de la valeur normale représentée par les frais de production.

Je dois ici appeler votre attention sur un fait curieux : si la valeur d'un objet dépend le plus souvent de l'offre et de la demande, on peut dire que parfois l'offre et la demande dépendent à leur tour de la valeur.

Ceci peut vous sembler au premier abord un peu abstrait, mais rien n'est plus facile à comprendre.

Si vous mettez en vente un objet de quarante francs, beaucoup de personnes pourront l'admirer en passant, mais il ne pourra être acheté que par un petit nombre. Essayez de produire le même objet au prix de vingt francs : il sera demandé par un grand nombre de personnes ; la demande ne sera pas seulement doublée, comme on serait tenté de le croire, en remarquant qu'une pièce de vingt francs est juste la moitié d'une de quarante : elle sera peut-être décuplée.

La valeur de l'objet peut donc agir sur la demande ; elle l'aura, dans cet exemple, augmentée, et si l'opération contraire avait été faite, elle aurait eu pour effet de la restreindre.

Voici comment elle peut agir sur l'offre : les producteurs savent qu'une chose chère est peu demandée et que, au contraire, le bon marché provoque la demande ; aussi s'efforcent-ils de produire au plus bas prix possible, afin de pouvoir offrir aux consommateurs beaucoup d'objets avec un petit bénéfice, plutôt que d'en offrir très peu avec un bénéfice plus fort.

De faibles profits répétés souvent font, à la fin de l'année, une plus grosse somme que si les profits étaient à la fois plus considérables et plus rares : il vaut mieux avoir vendu 1,000 fois un objet au prix de 20 francs, en ne gagnant qu'un franc à chaque fois, que d'avoir vendu 100 fois le même objet au prix de 40 francs, en gagnant cinq francs à chaque vente. En effet, dans le premier cas, le bénéfice total est de mille francs, tandis que dans le second il n'est que de cinq cents.

La monnaie elle-même est soumise à la loi de l'offre et de la demande, parce qu'elle est une valeur ; vous savez en effet que si elle n'était pas une véritable valeur, elle ne pourrait servir de mesure aux autres valeurs.

Le numéraire (on donne quelquefois à la monnaie ce nom qui vient d'un mot latin signifiant *compter*), le numéraire peut subir des variations : il peut être abondant ou rare, son abondance ayant pour origine la découverte de mines nouvelles, telles que celle des placers de l'Australie et de la Californie vers 1848, et sa rareté provenant de ce qu'il se cache en cas de troubles intérieurs ou de guerre étrangère.

Mais cette rareté ou cette abondance amène un résultat remarquable. Ce n'est pas sur la monnaie même que paraît porter la hausse ou la baisse qui en résulte, c'est sur les autres valeurs. Et pourquoi, mes amis? C'est parce que, sauf dans des cas peu nombreux, tels que la dorure ou l'argenture d'objets d'apparat, on ne consomme pas l'or et l'argent ; et que, de plus, dès que ces deux métaux sont transformés en pièces de monnaie, les acheteurs et les vendeurs examinent, avant tout, ce que la monnaie exprime, ce qui est écrit sur chaque pièce.

La valeur nominale de la monnaie reste la même, mais au fond elle n'est pas identique à ce qu'elle était auparavant, et c'est là que se manifeste la loi de l'offre et de la demande.

Quand le numéraire est rare, il est très demandé, et alors une petite quantité de ce numéraire peut servir à acheter beaucoup de produits.

Au contraire, quand il est abondant, il est très offert, et il faut alors en donner beaucoup pour acheter une petite quantité de produits.

Comment se traduit cette variation dans la force d'acquisition du numéraire? elle se traduit uniquement par la hausse ou la baisse du prix de tous les objets qu'on paie avec de la monnaie; c'est à dire que toutes les valeurs haussent ou baissent en même temps, sauf une seule qui est la monnaie elle-même.

Lors donc que vous entendrez dire: « toutes les marchandises ont augmenté, ou toutes les valeurs ont baissé ! » vous pourrez affirmer que c'est faux, par la raison que les deux plateaux d'une balance ne peuvent pas s'élever ou s'abaisser en même temps, que si l'un s'élève, c'est que l'autre s'abaisse, et réciproquement. Il y aura en effet une marchandise qui aura subi une baisse réelle quand le prix des autres aura augmenté, ou bien il y aura une valeur qui aura éprouvé une véritable hausse quand le prix des autres aura diminué, et cette marchandise, cette valeur, ce sera la monnaie.

Ce n'est pas, je le répète encore une fois pour que ce soit bien compris, ce n'est pas à dire qu'une pièce de cinq francs vaudra plus ou moins de cinq francs; non, mais avec cette pièce, dont la valeur réelle aura été accrue ou affaiblie, sans que sa valeur nominale ait été changée, on se procurera plus d'objets ou moins d'objets qu'auparavant.

L'offre et la demande agissent donc sur la monnaie comme sur les autres valeurs.

Je ne veux pas abandonner cette question de la valeur des choses, exprimée en monnaie, sans appeler votre attention, mes amis, sur un fait bien remarquable : c'est que le prix des produits de l'agriculture tend à augmenter, tandis que celui des objets fabriqués par l'industrie tend à diminuer. Ainsi, les articles de vêtement, si chers autrefois, sont aujourd'hui accessibles à presque tout le monde, tandis que le prix de la viande s'est élevé, et avec lui, par une conséquence forcée, le prix des autres denrées alimentaires, y compris le blé.

D'où vient cela ? Voici les raisons qu'on en peut donner : dans la production agricole, la nature joue un rôle très important, et lorsque cette production a atteint un certain degré, il devient très difficile de l'augmenter encore, même avec le secours des capitaux les plus abondants ; au contraire, dans la production industrielle, tout dépend de la somme de capitaux qui y est engagée, et l'on peut, par l'emploi des machines, produire plus d'objets, plus vite et mieux, tout en diminuant les frais.

La population qui couvre le sol s'étant accrue, et les conditions de l'existence s'étant grandement améliorées dans les pays civilisés, une plus forte quantité de produits est devenue nécessaire : pour ce qui la concerne, l'agriculture, tout en produisant beaucoup plus et beaucoup mieux que jadis, n'a pu suivre d'un pas égal l'accroissement des besoins, tandis que l'industrie a pu le faire et que chez elle la production tend même à devancer la consommation.

Nous trouvons encore ici, mes amis, une application de la loi de l'offre et de la demande : les produits agricoles, très demandés et relativement moins offerts, restent chers, tandis que les produits industriels, relativement moins demandés qu'ils ne sont offerts, sont à bon marché.

XXVI. — Le crédit.

Mes amis, on a quelquefois comparé la monnaie à l'huile dont on se sert pour faciliter le jeu des pièces d'une machine. Cette comparaison, qui n'est peut-être pas absolument exacte, puisque la monnaie est, en réalité, une marchandise destinée à être échangée contre d'autres marchandises, cette comparaison, dis-je, peut cependant être retenue par vous, parce qu'elle résume admirablement le rôle de la monnaie dans la circulation des richesses. Il ne faut, en effet, qu'une quantité relativement faible de monnaie pour rendre possible un nombre très considérable d'échanges, puisque la même pièce d'or, d'argent ou de billon peut passer tous les jours dans beaucoup de mains. Cependant, malgré son extrême mobilité et son abondance réelle, le numéraire n'eût pas été suffisant, si l'intelligence de l'homme ne lui avait pas suggéré un autre moyen de faciliter les transactions : ce moyen, c'est *le crédit*.

Ce mot vient de la langue latine et signifie *confiance*. Les opérations qui ont le crédit pour base sont donc des opérations basées sur la confiance. Elles peuvent se présenter sous deux formes : 1° sous celle d'une vente, moyennant un prix qui n'est pas payé immédiatement; 2° sous celle d'un prêt d'une certaine quantité de numéraire.

Deux causes peuvent engager, soit le vendeur à livrer à l'acheteur un objet, en accordant un délai pour le paiement du prix, soit le prêteur à faire la remise des sommes demandées par l'emprunteur : la première cause est la bonne réputation de l'acheteur ou de l'emprunteur, sa probité, l'habitude qu'on lui connaît de tenir ses engagements ; la seconde cause est la sûreté du gage qui a pu être remis entre les mains du vendeur ou du prêteur.

Dans les deux cas, c'est toujours par suite de la confiance qui l'anime, que ce vendeur ou ce prêteur consent à se dessaisir d'une valeur, non pas en échange d'une autre valeur facilement transmissible comme la monnaie, mais en échange d'une promesse de fournir cette autre valeur.

Le crédit est utile, nécessaire même au producteur ; il est nuisible, et même dangereux pour le consommateur. Vous ne tarderez pas à comprendre la raison de cette différence.

Commençons la démonstration de cette vérité par un exemple applicable à la production d'une denrée de première nécessité, le pain.

Pour que le boulanger fabrique du pain, il lui faut de la farine. Supposez qu'il manque d'avances, c'est-à-dire qu'il n'ait pas d'argent pour acheter cette farine. Il aura recours au crédit pour se procurer la matière première nécessaire à son industrie, et pour éviter ce double malheur, de ne pouvoir se livrer au travail qui le fait vivre et de priver de pain quelques centaines de consommateurs, il ira trouver le meunier et lui demandera de la farine à crédit.

Si le meunier a confiance dans la probité de ce boulanger, il lui remettra la farine demandée, et se contentera d'une promesse verbale de payer le prix le plus tôt possible ou à une date convenue entre eux.

De son côté, le meunier a besoin de blé pour faire de la farine ; comme il ne peut attendre que le boulanger ait payé le prix de celle qui vient d'être vendue, comme il ne peut laisser chômer le moulin dont le produit le fait vivre, il faut qu'il ait aussi recours au crédit : il se rend donc chez le cultivateur et lui demande du blé à crédit.

Si le cultivateur a confiance, lui aussi, dans la probité du meunier, il lui remettra la quantité de blé demandée, et les choses se passeront entre le meunier et le cultivateur, comme elles se sont passées entre le boulanger et le meunier.

Sur quoi donc comptent-ils tous pour payer leurs dettes ou recouvrer leurs créances? Sur l'argent du consommateur.

Dès que le boulanger aura recueilli par la vente du pain qu'il aura fabriqué, une quantité de monnaie suffisante, il la portera au meunier, qui, à son tour, s'acquittera au moyen de cet argent envers le cultivateur.

Il faut donc que le consommateur paie le pain qu'il achète, et il faut qu'il le paie comptant. Car s'il achète le pain à crédit, le boulanger ne pourra pas éteindre sa dette, le meunier non plus, et enfin le cultivateur ne pourra payer ni les salaires de ses ouvriers, ni les semences ni le fumier dont il a besoin pour récolter du blé l'année suivante. En résumé, une production immense, indispensable, se trouvera arrêtée.

Ajoutez à cela, que le consommateur qui achète à crédit ne peut que s'endetter, car il fait un véritable emprunt, et cet emprunt n'a point pour but une production nouvelle comme les emprunts faits par le boulanger et le meunier : il emprunte pour consommer !

Le crédit n'est donc bon, mes amis, que lorsqu'il a pour but de faciliter la production ou la circulation des richesses ; tout autre crédit est pernicieux pour celui qui s'en sert, et il faut redouter d'y avoir recours : car il met en péril le bien-être toujours, et la moralité quelquefois.

Mes amis, ce que j'ai supposé s'être fait au moyen d'une promesse verbale de l'acheteur, se fait généralement d'une façon plus sûre et plus prompte par une promesse écrite, et c'est ici qu'apparaît l'admirable instrument de crédit qu'on appelle *le billet à ordre.*

Reprenons pour un instant notre exemple du boulanger, du meunier et du cultivateur.

En échange de la farine qui lui aura été livrée par le meunier, le boulanger remettra à celui-ci l'engagement, signé de lui, de payer, à telle date, la somme de....., représentant le prix de la farine; il aura soin d'écrire que ce paiement sera fait au meunier ou *à son ordre,* ce qui permettra à son créancier de se libérer lui-même envers cultivateur, en *endossant* ce billet, c'est à dire en écrivant *au dos* dudit billet l'ordre de payer la somme qui y est relatée au cultivateur ou à son ordre; et grâce à cette formule répétée autant de fois qu'il sera nécessaire, le billet à ordre pourra circuler de main en main, servant de monnaie pour solder des achats très divers, jusqu'au jour de son échéance; ce jour-là, il sera présenté à son signataire, le boulanger, qui le retirera de la circulation en payant la somme promise, et libérera ainsi définitivement: 1° lui-même envers le meunier, 2° celui-ci envers le cultivateur, et 3° à leur suite, tous les endosseurs du billet envers ceux à qui ils l'ont remis en paiement.

Le billet à ordre n'est pas le seul papier négociable qui soit à la disposition des producteurs et des commerçants pour faire l'office de la monnaie. Il en existe une autre sorte qui se nomme *la lettre de change,* et qui suppose un acte de commerce antérieur, non plus seulement entre deux personnes comme pour le billet à ordre, mais entre trois personnes souvent éloignées les unes des autres.

Ainsi un habitant de Paris qui est en même temps débiteur de Paul et créancier de Jacques, demeurant tous deux à Bordeaux, pourra remettre en paiement au premier une lettre de change tirée sur le second ; en d'autres termes, il enverra à Paul un papier sur lequel il écrira, en s'adressant à Jacques : « Veuillez payer à Paul ou à son ordre la somme de .... que vous me devez. » Jacques, en payant la somme dite à celui qui lui présentera la lettre de change, libérera tout à la fois : 1° lui-même envers l'habitant de Paris ; 2° celui-ci envers Paul. Jacques, en payant sa propre dette, aura payé celle de son créancier, et tout cela, mes amis, se sera fait au moyen d'une feuille de papier, qui aura évité le double et coûteux voyage d'une quantité peut-être importante de numéraire, et qui aura permis à ce numéraire de circuler dans d'autres directions, de rendre ailleurs des services qu'il n'eût pu rendre, s'il avait passé plusieurs jours à aller de Paris à Bordeaux et à revenir de Bordeaux à Paris !

Le crédit, mes amis, n'est pas une invention récente ; il est né de la force des choses, et l'antiquité nous offre même des exemples d'écrits ayant quelque ressemblance avec la lettre de change. Mais c'est dans des temps moins reculés que le crédit a été doté du *billet de banque*, instrument puissant qui a considérablement augmenté la circulation des valeurs ; je vous en parlerai la semaine prochaine.

XXVII. — Le billet de banque.

Il est possible, mes amis, qu'un billet souscrit par un débiteur à l'ordre de son créancier et transmis par celui-ci à une autre personne, soit immobilisé entre les mains de cette personne pour l'un des motifs suivants : celui à qui on l'offrira en paiement n'aura pas confiance dans la solvabilité du souscripteur du billet, ou bien l'échéance de ce billet lui paraîtra trop éloignée, eu égard à ses besoins actuels, ou bien encore la valeur du billet, c'est-à-dire la somme pour laquelle il contient promesse de paiement, sera supérieure à la dette qu'il s'agit d'acquitter. Voyons ce que pourra faire le porteur du billet, pour lever ces difficultés, pour se procurer immédiatement la somme qui lui est nécessaire.

Il ira trouver un *banquier*: on appelle ainsi un négociant qui fait métier d'échanger de l'argent contre des billets et autres effets de commerce. Ce banquier examinera les diverses signatures apposées sur le billet et, s'il a confiance, il en remettra le montant, en monnaie d'or ou d'argent, à celui qui le lui aura présenté, après que celui-ci l'aura préalablement endossé à l'ordre du banquier, bien entendu.

Je viens de vous dire que le banquier remettra le montant du billet, mais il ne le remettra pas en entier; car il retiendra une petite somme qui représente pour lui la différence résultant de ce que, en échange d'une valeur immédiatement réalisable, il reçoit une valeur qui ne sera réalisée qu'après un délai plus ou moins long. Cette retenue prend le nom d'*escompte*, et comme elle est à la fois proportionnelle à la somme inscrite sur le billet et au délai qui reste à courir jusqu'à l'échéance, elle est d'autant moins forte que cette échéance est plus proche. En outre de l'escompte, le banquier retiendra, sous le nom de *commission*, une autre petite somme, destinée à rémunérer le service qu'il rend au porteur du billet.

Je suppose que ce banquier ait, de cette façon, collectionné un certain nombre de billets, et qu'il n'ait plus dans sa caisse les sommes suffisantes pour en escompter d'autres. Il n'attendra pas dans l'inaction l'échéance de ces billets, parce qu'il interromprait ainsi le travail dont il vit, parce que le refus d'escompter de nouveaux billets serait fâcheux pour ceux qui les auraient reçus en paiement, parce qu'enfin ce serait une grande gêne pour la circulation des richesses. Que fera-t-il donc ?

Il portera ses billets ou du moins ceux de ses billets dont l'échéance est la plus prochaine, chez un grand banquier qui s'appelle, en vertu d'un privilège spécial, *la Banque de France*. Celle-ci escomptera ses billets, s'ils sont revêtus de trois signatures au moins et si lui-même est réputé par elle comme solvable, et elle lui en remettra la valeur, nous verrons tout à l'heure en quelle monnaie.

Ce qui importe en ce moment, c'est de savoir ce qu'est la Banque de France.

La Banque de France est une grande compagnie qui a été créée en vertu d'une loi de l'an XI (1803) pour faciliter la production et la circulation des valeurs ; elle a son siège principal à Paris et compte presque autant de succursales que la France a de départements ; elle est rigoureusement surveillée par le gouvernement, et elle a pour gouverneur un agent nommé par lui. Le capital dont elle dispose est très considérable ; il se compose de 182,500,000 francs, partagés en actions qui sont la propriété de beaucoup de particuliers, et représentés, soit par des rentes sur l'État, soit par les immeubles affectés à des comptoirs et à des bureaux, soit enfin par des créances sur le Trésor public.

Elle a de plus, dans ses caves, une réserve d'or et d'argent qui dépasse deux milliards, et qui proviennent pour une partie des dépôts volontaires que lui font des particuliers, désireux de ne pas conserver chez eux de fortes sommes d'argent, en attendant l'emploi qu'ils en pourront faire.

Voilà, direz-vous, beaucoup de monnaie retirée de la circulation ; est-ce que les échanges n'en vont pas souffrir ?

nullement, parce que cette immense réserve monétaire, dont une part importante serait restée inactive dans les tiroirs des particuliers, est représentée dans la circulation par des *billets de Banque*. Lorsque la Banque de France escompte des effets de commerce, ce n'est pas en monnaie qu'elle en remet la valeur, c'est en billets émis par elle-même; et c'est seulement en échange de ces billets, ou bien pour fournir les appoints, qu'elle remet de la monnaie.

Le billet de banque diffère beaucoup du billet à ordre. Rappelez-vous pour quelles raisons un billet à ordre peut n'être pas accepté en paiement d'une dette :

1° Manque de confiance dans la solvabilité du signataire d'un billet à ordre; — la Banque de France est à l'abri d'une semblable défiance, parce que tout le monde sait que le paiement de ses billets est garanti par l'existence d'une forte réserve métallique et par la direction prudente donnée à ses opérations; elles sont en effet toutes soumises à son conseil d'administration, élu par les actionnaires et placé sous la surveillance constante du gouvernement;

2° Échéance trop éloignée d'un billet à ordre; — le billet de banque est toujours échu; il est en effet, selon les termes en usage, *payable à vue* ou *à présentation*, sauf en des circonstances très rares, telles que le cas de guerre extérieure ou d'insurrection, où le gouvernement peut être obligé, pour conserver à la Banque une réserve monétaire suffisante, de décréter *le cours forcé* de ses billets; en dehors de ces circonstances exceptionnelles, et à défaut d'une loi spéciale dont l'effet n'a jamais d'ailleurs une longue durée, la Banque remet de la monnaie à quiconque lui présente un de ses billets;

3° Importance de la somme inscrite sur un billet à ordre supérieure à l'importance de la dette qu'il s'agit d'acquitter,

— avec les billets de banque, on peut payer toutes les sommes possibles, car ils sont divisés en coupures de différentes valeurs, depuis 20 francs jusqu'à 1,000 francs, et l'on n'a de monnaie à fournir que pour les appoints inférieurs à 20 francs.

Aussi, mes amis, tout le monde accepte-t-il, sans crainte aucune et sans difficulté, les billets de la Banque de France, et ces billets deviennent dès lors une véritable *monnaie de papier*, moins lourde et moins encombrante que la monnaie métallique, par conséquent plus facile à transporter ; on peut en effet porter en billets de banque dans son portefeuille des sommes qui nécessiteraient l'emploi d'une voiture si elles étaient composées d'or ou d'argent ; on peut même envoyer par la poste, dans une lettre qu'on a le soin de *recommander* avec déclaration de la valeur, des billets de banque, jusqu'à concurrence de 10,000 francs, ce qui est impossible en pièces d'or ou d'argent.

J'ajoute que, sans danger pour sa propre prospérité ou pour celle du pays, la Banque de France peut émettre des billets pour des sommes plus fortes que celles qui sont emmagasinées dans ses caves en monnaie métallique, parce que l'expérience a démontré que jamais, sauf en cas de panique, tous ceux qui ont déposé des fonds dans une banque, ne les réclament en même temps, et que les deux tiers au moins des dépôts sont assurés de rester dans la caisse. Ceci doit vous faire comprendre que l'usage du billet de banque a eu pour effet d'activer considérablement la circulation des richesses.

Je vous ai dit, il n'y a qu'un instant, comment l'on défendait contre les paniques l'encaisse métallique qui forme la garantie des billets de banque : lorsque le cours forcé est exceptionnellement décrété, personne n'a le droit de refuser un paiement en billets et d'exiger des espèces sonnantes; le billet de banque rend alors à la société, sans danger pour elle, les services qu'on avait autrefois le tort de demander au *papier-monnaie;* je dis *le tort,* car il n'y a pas en effet de papier-monnaie inoffensif, et je dis *sans danger pour la société,* parce que le billet de banque, même avec le cours forcé, n'est pas du papier-monnaie, mais seulement *une promesse de monnaie sur papier.*

Qu'est-ce donc que le papier-monnaie? De même que les gouvernements ont seuls le droit de frapper de la monnaie métallique, de même ils sont les seuls qui puissent s'arroger le droit d'émettre du papier-monnaie, c'est à dire une monnaie qui diffère de la monnaie métallique en ce qu'elle n'a par elle-même aucune valeur et ne vaut que par ce qu'elle exprime.

Or, quand un gouvernement émet du papier de ce genre, il est, malgré lui, souvent entraîné à en émettre des quantités nouvelles, afin de pourvoir aux dépenses imprévues. Il est si facile de créer des ressources, quand on n'a qu'à faire passer la presse sur une feuille de papier! Mais voici ce qui se produit bientôt : la valeur du papier-monnaie diminue au fur et à mesure que sa quantité augmente, la dette du gouvernement qui l'a créé s'élève de plus en plus à chaque émission, le public perd la confiance qui l'animait d'abord, et, si le cours forcé de cette monnaie n'existait pas, il la refuserait certainement; aussi le papier-monnaie ne tarde-t-il pas à être l'objet d'une dépréciation qui se traduit de la manière suivante : comme on ne peut faire qu'un papier sur lequel on lit qu'il vaut 20 francs, vaille plus ou moins que cette somme, et que cependant le papier ne jouit plus de la confiance publique, c'est le prix des objets payés avec ce papier qui s'élève : si le papier coté 20 francs a perdu un quart de sa valeur dans l'estime de ceux qui sont appelés à s'en servir comme monnaie, il exigeront deux papiers de 20 francs, soit 40 francs, pour remettre 30 francs en or, ou pour céder une marchandise valant ordinairement 30 francs.

Ce n'est là qu'un premier échelon dans la baisse de la valeur du papier, ou pour mieux dire dans la hausse du prix des marchandises.

L'histoire nous apprend, en effet, que les pays où l'État se crée des ressources par ce moyen néfaste, sont bientôt conduits à la ruine par l'abondance du papier émis et par l'avilissement rapide de sa valeur. Nous en avons eu un exemple en France : la Révolution avait été peu à peu entraînée à créer 45 milliards d'assignats qui n'ont pas tardé, malgré la réalité des gages sur lesquels ils reposaient, à perdre presque toute leur valeur, au point qu'on en arriva à exiger 500 francs en papier pour céder un objet de 50 centimes !

Depuis lors, lorsque notre pays s'est trouvé dans des circonstances graves qui autrefois l'auraient obligé de recourir au papier-monnaie, il a su profiter du privilège qu'il avait donné à la Banque de France d'émettre seule des billets au porteur, et il s'est contenté de donner à ces billets le cours forcé, pendant le temps strictement nécessaire seulement; il a obtenu ainsi tous les avantages qu'on peut attendre du papier-monnaie dans les moments de crise, sans courir les dangers que je vous ai dépeints; il n'y a pas à craindre, en effet, qu'un établissement privé se laisse aller à des entraînements qui auraient pour résultat de mettre en péril sa propre existence.

Le capital de la Banque de France appartient à des particuliers, et ces particuliers sont retenus par ce qui manque à un gouvernement, quel qu'il soit : l'intérêt personnel qu'ils ont à ne point risquer de perdre leur propre fortune, en permettant de répandre en leur nom une quantité excessive de billets, de promesses de payer, dont ils sont responsables sur la partie de leur patrimoine engagée dans le capital de la Banque.

Aussi la dépréciation du billet de banque est-elle fort rare, et ne peut, en tous cas, atteindre de fortes proportions.

Tout le monde le sait, dès lors tout le monde a confiance, et c'est ce qui fait que, même en temps de crise, le billet de banque active la circulation des richesses, au lieu de la paralyser.

XXVIII. — Le commerce.

Je vous ai expliqué, mes amis, le mécanisme de l'échange, et je vous l'ai montré demandant au progrès des moyens de plus en plus rapides et de plus en plus efficaces.

Vous avez vu qu'à l'origine des sociétés, on échange des marchandises contre des marchandises ; c'est ce qu'on appelle le troc.

Vous avez vu qu'après l'invention de la monnaie, on échange des marchandises contre des espèces, et qu'après l'établissement du crédit, on les échange contre des promesses de payer, qui, lorsqu'elles sont écrites, deviennent des valeurs négociables. Ces deux dernières sortes d'échanges, celles où l'on fait intervenir, soit la monnaie, soit le crédit, constituent *le commerce*, et ceux dont la profession est de pratiquer ou de faciliter les échanges, s'appellent *les commerçants*.

Il arrive quelquefois que l'on entend dire : à quoi sert le commerçant ? n'est-ce pas un intermédiaire superflu qui vient sans nécessité se placer entre le producteur et le consommateur, et dont l'intervention inutile ne peut avoir d'autre effet que d'augmenter le prix des choses?

Ceux qui raisonnent ainsi raisonnent fort mal, mes amis, et ils ressemblent à des hommes qui discuteraient sur la question de savoir si leur bras, leur jambe ou tel autre organe de leur corps leur est vraiment utile.

Il ne me sera pas difficile de vous convaincre que le commerce est un rouage nécessaire, que les commerçants rendent plus de services encore aux producteurs et aux consommateurs qu'à eux-mêmes, et qu'ils n'exigent nullement la rémunération abusive d'une peine inutile.

Je vais choisir pour cette démonstration une partie de votre vêtement qui est probablement de la même nature pour vous tous, la chemise qui, sauf exception, est en calicot, autrement dit en toile de coton.

Le coton est une plante textile qu'on ne peut cultiver que dans les pays chauds, tels que l'Amérique, l'Egypte ou l'Inde; il est récolté par les cultivateurs de ces pays, qu'on appelle des planteurs. Lors même qu'il vous serait possible de vous mettre en rapport direct avec un planteur, il ne consentirait pas à vous vendre les quelques kilogrammes de coton nécessaires pour la confection de vos chemises, car il préfère, avec raison, vendre sa récolte à des commerçants qui en achètent au moins 100,000 kilogrammes à la fois, sans aucuns frais pour lui-même. Ces commerçants chargent souvent tout un navire; en tous cas, ils paient beaucoup moins cher pour le transport de leurs 100,000 kilogrammes de coton que ne paieraient 20,000 consommateurs comme vous, qui en auraient acheté chacun 5 kilogrammes et qui feraient marché séparément avec le maître du navire.

Admettons cependant pour un instant que le coton qui vous est nécessaire soit parvenu en France par vos propres soins : ce n'est pas vous qui pourrez le transformer en fil d'abord et qui tisserez ensuite ce fil, parce que votre maison n'est pas outillée pour cela. Vous voilà donc obligés de vous adresser successivement aux chefs de deux grandes usines ; mais croyez-vous qu'ils vont consentir, l'un à filer sur commande quelques pelotes de coton, l'autre à tisser quelques mètres de calicot ? Évidemment non, car ce n'est pas pour cette mince besogne qu'ils ont monté une usine, où des centaines d'ouvriers trouvent du travail, où fonctionnent des machines aussi coûteuses que puissantes ! Ces grands industriels achètent, le premier, dans les ports d'arrivage, de fortes quantités de coton brut, le second, chez les filateurs, de fortes quantités de coton filé, et c'est ainsi seulement qu'ils peuvent sûrement alimenter de matières premières leur usine qui ne peut chômer un seul jour sans causer un grave préjudice à des milliers d'individus.

Supposons la toile faite et prête à être employée par le consommateur : où celui-ci va-t-il se la procurer ? à la manufacture même ? ce n'est pas possible : le chef de cette manufacture ne peut vendre quelques mètres de toile, il faut qu'il vende ses produits en gros : à qui ? à des commerçants qui se chargeront de la vente au détail ; et pourquoi ? parce que si le fabricant vendait au détail, il devrait établir un magasin partout où il y aurait une chance de vente, et il lui faudrait un grand nombre de magasins, dont les frais dépasseraient le plus souvent les bénéfices d'une vente très faible : il en faudrait en effet payer le loyer, la gérance, le chauffage, l'éclairage, etc., et cet excédent de frais serait nécessairement supporté par l'acheteur, qui paierait dès lors fort cher ce qu'il peut avoir aujourd'hui à bon marché.

Si pour réduire le nombre de ces magasins de vente au détail, le producteur en établissait seulement dans les grandes villes, l'habitant des bourgs et des villages serait obligé de faire un véritable voyage et de perdre une journée de travail pour se procurer le moindre objet dont il aurait besoin; et si, au lieu d'effectuer lui-même de nombreux voyages, il préférait faire voyager la marchandise à ses frais, le coût du transport qui est le même pour 10 mètres d'étoffe que pour 200 mètres, serait pour lui vingt fois plus cher que pour le commerçant; car celui-ci, en donnant 2 francs au voiturier qui lui apporte 200 mètres, ne paie qu'un centime par mètre, tandis que celui-là, en donnant la même somme pour 10 mètres, paierait 20 centimes par mètre.

Ajoutez qu'on ne trouverait pas, réunis dans le même magasin, les différents genres d'étoffes dont on peut avoir besoin le même jour : pour confectionner une robe, par exemple, il faudrait aller dans le magasin du producteur de la robe même, puis dans celui du fabricant de doublures, dans celui du fabricant de boutons, etc., etc.

Les services que rend le commerce sont, comme vous le voyez, mes amis, absolument indiscutables; il fait venir, souvent de fort loin, des marchandises qui, sans lui, nous feraient absolument défaut; il est clair qu'aucun Français ne boirait de café si, au lieu de l'acheter chez l'épicier, il était obligé de le faire venir de l'Arabie ou de la Martinique.

Le commerce n'augmente pas le prix des choses parce que le producteur qui écoule tout d'un coup et souvent même avant leur complète fabrication, une grande quantité de marchandises en les vendant à un commerçant, peut se contenter d'un très faible bénéfice ; c'est ainsi que le chef d'une fabrique de calicot peut réduire son bénéfice à un centime par mètre, lorsqu'il peut vendre en une heure mille mètres de toile à un seul acheteur, car il gagne plus que s'il se réservait 20 centimes par mètre sur la vente de ces 1,000 mètres effectuée en 20 heures, et pourquoi ? parce qu'il a besoin d'un personnel moins nombreux et de locaux moins vastes dans un cas que dans l'autre.

Nous avons vu aussi que le transport de la grande quantité de produits achetée par le commerçant coûte moins cher que les transports successifs de la même quantité prise isolément par les consommateurs.

Le commerce en gros renferme donc en lui-même une double raison pour que les prix soient abaissés, et nous pouvons conclure à sa nécessité.

Il nous reste à examiner si le commerce de détail est aussi nécessaire.

Il faut d'abord observer que peu de personnes sont assez riches pour faire des provisions et pour effectuer les avances d'argent qu'elles exigent.

Il y a d'ailleurs des marchandises qui seraient bientôt gâtées si on les achetait longtemps avant le moment de s'en servir, et il en existe aussi que le producteur ne peut vendre autrement qu'en gros, alors que le consommateur ne peut les acheter qu'au détail.

La viande de boucherie fournit à elle seule un exemple de ces deux catégories d'objets : on ne peut acheter la viande plus de deux ou trois jours à l'avance, le producteur ne peut la vendre que sous la forme d'un animal vivant, et le consommateur, qui ne saurait que faire d'un bœuf ou d'un mouton, ne peut l'acheter que par petits morceaux découpés.

La nécessité du commerce de détail doit maintenant vous paraître aussi évidente que celle du commerce de gros.

Mais il ne faut pas oublier une chose, mes amis, c'est qu'il n'y a pas de loi qui oblige le consommateur à acheter les objets dont il a besoin chez le commerçant, ou qui empêche le producteur de vendre directement au consommateur. Celui qui produit et celui qui consomme traitent quelquefois ensemble sans le secours des intermédiaires; cela se voit quelquefois pour certains produits agricoles tels que le vin, le cidre, ou les volailles. Mais alors on peut être assuré que l'un et l'autre y trouvent leurs avantages, et si cela ne se voit pas plus souvent, c'est qu'au lieu d'être, comme certaines personnes le disent à tort, des parasites inutiles et gênants, les intermédiaires sont des serviteurs utiles de la société, des agents dont le travail est aussi économique qu'indispensable.

XXIX. — La concurrence et le monopole.

Vous devez vous souvenir, mes amis, qu'en vous exposant l'heureuse influence de la liberté du travail sur la production des richesses, je vous ai parlé des avantages de la *concurrence* et des inconvénients du *monopole*. Je dois y revenir aujourd'hui, à propos de la circulation des richesses qui fait l'objet de nos études actuelles, et sur laquelle la concurrence et le monopole ont les mêmes effets que sur la production.

Je n'ai pas à les définir de nouveau, et je me bornerai à examiner quelques-unes de leurs applications.

La concurrence stimule, vous le savez, le producteur; elle l'oblige à chercher sans cesse les moyens de produire plus vite et mieux que ses rivaux, et même, s'il le peut, à meilleur marché.

Elle agit dans un sens identique sur le commerçant, elle l'oblige à se contenter d'un bénéfice plus faible qu'auparavant, et c'est le consommateur qui en profite, c'est-à-dire tout le monde.

Voici un village de quelques centaines d'habitants qui n'ont avec la ville la plus voisine que des communications difficiles. Ce village n'a qu'un épicier, établi depuis longtemps, et abusant de ce qu'on est obligé de se fournir chez lui, pour vendre toutes ses marchandises à un prix très élevé. Prenons un exemple :

Le kilogramme de sucre vaut à la ville 1 fr. 50 c., mais il faut dépenser 2 francs pour aller l'y chercher : total, 3 fr. 50 c.

Comme on ne paie pas plus pour le transport de 10 kilogrammes que pour celui d'un seul, l'épicier que j'ai supposé déboursera, pour se procurer ces 10 kilogrammes de sucre : 1 fr. 50 $\times$ 10 = 15 fr. + 2 francs pour le transport = 17 francs. Il pourrait assurément vendre son sucre à raison de 1 fr. 80 c. le kilogramme, en ne prélevant que 10 centimes de bénéfice. Mais il abuse de ce qu'on ne peut pas en trouver ailleurs que chez lui, et il le vend 3 francs, soit un peu moins que n'aurait à débourser le consommateur qui irait le prendre à la ville (3 fr. 50 c.).

Les consommateurs qui savent très bien se rendre compte de ce qui touche à leurs intérêts, trouvent ce prix beaucoup trop élevé, et ils ont grandement raison ; cependant, comme ils ne peuvent pas faire autrement, ils continuent d'acheter chez cet épicier les denrées dont ils ont besoin.

Mais voici qu'un autre épicier s'installe dans le village, et met en vente du sucre au prix de 1 fr. 80 c. le kilogramme, ne réservant pour lui-même que le bénéfice raisonnable que j'ai déjà indiqué : 0 fr. 10 c. par kilogramme.

Tout le village abandonne bien vite l'ancien marchand pour aller chez le nouveau, et si le premier veut continuer l'exercice de la profession qui le fait vivre, il se verra forcé d'abaisser ses prix dans la même proportion et de réduire à dix centimes le bénéfice excessif d'un franc trente centimes qu'il s'attribuait avant l'arrivée de son rival : qui est-ce qui profitera de la différence (1 fr. 20 c.)? tout le village !

Il peut arriver ceci : que l'abaissement des prix ayant pour résultat de provoquer des demandes nouvelles, les habitants de ce village consomment plus de sucre qu'auparavant, et qu'en définitive le total des bénéfices encaissés par les deux épiciers ensemble ne s'éloigne pas sensiblement de la somme que gagnait le premier quand il était seul.

Vous savez, en effet, que les petits bénéfices peuvent constituer à la fin de l'année un beau chiffre de gains quand ils sont souvent répétés. Mais nos commerçants sont deux à partager ce bénéfice total, et ce qui serait suffisant pour un seul ne suffit pas pour deux : que vont-ils faire pour gagner leur vie, sans que le village perde en aucune façon l'avantage résultant de leur rivalité ?

Ici encore, mes amis, la concurrence va faire son effet ordinaire : elle va stimuler l'intelligence de ces deux hommes, et leur inspirer d'heureuses résolutions.

Ils vont joindre à leur commerce d'épicerie la vente d'objets quelconques, qu'on ne trouvait pas auparavant dans le village et que souvent, par ce motif, on ne songeait à acheter que sous la pression d'une nécessité absolue et quand on allait à la ville. Ils vont tenir des objets de mercerie, de coutellerie, de poterie, de papeterie, des livres même, etc., etc., et ils vont, de cette façon, retrouver la somme de petits bénéfices qui leur est nécessaire pour vivre à l'aise et même pour économiser quelques rentes en vue de la vieillesse.

À ce sujet, je dois vous présenter une observation : dans ce fait de la réunion entre les mêmes mains de commerces très divers, qui ordinairement sont séparés, nous rencontrons une exception au grand principe de la division du travail; mais cette exception s'explique par le petit nombre de consommateurs que peut offrir un village, et elle est moins rare qu'on pourrait le croire : il faut, en effet, que des industries qui doivent être exercées dans les grands centres par des hommes différents pour que le travail soit fait vite et bien, soient réunies dans les petites communes; car s'il en était autrement, personne ne consentirait à faire un métier qui ne rapporterait presque rien, et les consommateurs seraient privés des services qui leur sont nécessaires. Je pourrais vous nommer un village des bords de la Loire que je connais très bien, où le charron ne se contente pas d'être en même temps serrurier, maréchal-ferrant, forgeron, menuisier et rémouleur, ce qui rentre à la rigueur dans ses attributions puisqu'un charron doit savoir travailler le fer et le bois, mais où il y ajoute tous les dimanches, le métier de perruquier-barbier, et quand l'occasion se présente, celui de dentiste!

Je reviens à la concurrence et à ses bons effets. Elle soutient le producteur et le marchand dans leur résolution constante de plaire au consommateur, et de l'attirer chez eux par un attrait auquel il résiste peu : l'attrait du bon marché. Ils en trouvent la récompense dans l'argent qu'ils gagnent, dans les bénéfices répétés qu'ils retirent de ventes plus nombreuses.

Je viens de parler du bon marché, c'est assurément le but à poursuivre, mais il est bon de s'en défier quelquefois : telle marchandise, d'un prix plus élevé ici que là, peut être réellement à meilleur marché, parce que sa qualité est meilleure et qu'il faut la renouveler moins souvent.

Le monopole est le contraire de la concurrence. Dans l'exemple que je vous ai donné, le premier épicier jouissait d'un véritable monopole avant l'arrivée du second.

Il peut se faire que la concurrence soit impossible et que le monopole s'impose d'une façon absolue. On peut citer, à cet égard, les monopoles qu'exercent les propriétaires des mines de charbon ou des gisements de pierre et d'ardoise : on est bien forcé de s'adresser à eux, puisqu'eux seuls sont en mesure de fournir les matières dont on a besoin.

Quand il n'y a pas d'occupation pour deux forgerons dans un village, celui qui y est établi jouit d'un véritable monopole; il en est de même pour le médecin, le vétérinaire, etc. Parmi ces monopoles qu'on appelle *monopoles de fait*, on range quelquefois ceux qui résultent du génie, ou simplement d'un grand talent littéraire ou artistique; il faut s'incliner devant ces monopoles, parce qu'il n'y a pas d'apprentissage qui puisse permettre aux autres hommes de les combattre par la concurrence, et il faut, non les envier, mais les admirer, parce qu'ils honorent le pays où ils s'exercent.

A côté des monopoles de fait, il y a *les monopoles établis par la loi*. Ceux-là florissaient jadis dans toutes les professions, et je vous ai dit comment ils avaient été détruits. On en trouve encore quelques-uns qui ont une loi pour origine, mais ils sont très peu nombreux, et ils ont tous pour motif l'intérêt général. Tels sont les monopoles concédés à la Banque de France, aux compagnies d'éclairage et de chauffage par le gaz, aux compagnies de chemins de fer, et à quelques autres entreprises de transport des personnes ou des choses ; tels sont aussi les monopoles que s'est réservé l'État, dans le double but d'assurer la sécurité des citoyens et d'augmenter ses revenus : ceux-là sont relatifs à la vente du tabac et de la poudre de chasse, aux postes et aux télégraphes.

Dans les rares occasions où vous verrez qu'un monopole légal est exercé par un particulier ou par une association de particuliers, vous pouvez être sûrs que derrière l'intérêt privé se trouve un intérêt public ; et de plus, vous pouvez affirmer que la loi, en accordant ce monopole, a dû imposer des conditions propres à en atténuer les inconvénients et à en augmenter les avantages : il me suffira de vous indiquer, dans cet ordre d'idées, la Banque de France et les chemins de fer.

Quant aux monopoles de fait, qui ne sont utiles qu'à ceux qui en jouissent, et qui sont nuisibles aux consommateurs obligés de payer cher les services qu'on leur rend, il faut les combattre le plus souvent et le plus activement qu'on le peut ; et il est bon de savoir qu'on le peut presque toujours, ne fût-ce qu'en se donnant la peine d'aller chercher même un peu loin un concurrent pour celui qui abuse de ce qu'il exerce seul dans une localité une profession indispensable. On peut en effet tenir pour certain que, lorsqu'il le veut, le consommateur a toujours raison d'un monopole de fait.

XXX. — La spéculation.

Vous savez, mes amis, quels services rend le commerçant, et vous trouvez très juste qu'il reçoive la rémunération de ces services. A vrai dire, le seul but qu'il poursuive est de gagner de l'argent : il n'agit point par philanthropie, et comme le producteur, il est poussé par l'intérêt personnel ; mais je vous ai déjà montré quels magnifiques résultats peut donner dans l'ordre économique la combinaison de tous les intérêts personnels.

Le plus souvent, sinon toujours, le commerçant se double d'un *spéculateur* : il ne semble pas, en effet, qu'il soit facile de faire un acte de commerce qui n'ait pas une *spéculation* pour point de départ. Je vais essayer de vous le faire comprendre.

Le mot *spéculer* vient du latin et signifie *regarder* . le *spéculateur* est celui qui regarde avec beaucoup de soin ce qui se passe, et qui cherche à retirer de ce qu'il voit un profit pour lui-même ; qui prévoit que le besoin d'une chose va se manifester, et qui prend immédiatement ses mesures pour donner satisfaction à ce besoin.

N'est-ce pas ce que fait le commerçant ? il est clair qu'il n'achèterait pas les marchandises qu'il met en vente, s'il ne prévoyait pas que les consommateurs auront besoin de ces marchandises et qu'il les leur vendra plus cher qu'elles ne lui auront coûté.

Mais on réserve plus spécialement le nom de *spéculateurs* à ceux qui prévoient la hausse du prix de certains objets, et qui les achètent quand le prix est encore assez bas, afin de les revendre avec bénéfice quand la hausse sera venue: lorsqu'il s'agit d'objets de première nécessité, tels que le froment, la masse des consommateurs est portée à blâmer ces spéculateurs, et elle leur donne un nom qui est ordinairement pris en mauvaise part; elle les appelle des *accapareurs*.

Sous l'influence de la peur, qu'entretenait avec trop de raison le souvenir, transmis d'une génération à une autre, des famines du temps passé, les travailleurs, redoutant de manquer de pain, se sont souvent indignés contre ces spéculateurs, et les ont accusés de vouloir faire périr le peuple de misère. Il s'est produit quelquefois, à la suite de ces effervescences populaires, des actes de violence très regrettables, des meurtres même, qui n'auraient certainement pas eu lieu, si leurs auteurs s'étaient rendu un compte plus exact du rôle véritablement utile des spéculateurs dans les moments de disette. J'espère, par les explications que je vais vous donner, vous mettre en garde, mes amis, contre l'une des erreurs les plus dangereuses que l'économie politique s'efforce de combattre, et même vous permettre d'en préserver au besoin vos concitoyens.

Je vous ai démontré que la valeur des objets tendait forcément à se rapprocher des frais de production, ou, en d'autres termes, que le prix de vente d'un objet devait être égal à son prix de revient, légèrement augmenté en vue du bénéfice légitime dû au producteur.

Pour ne parler que des produits agricoles, il est naturel que leur valeur s'abaisse ou s'élève, selon que la récolte est bonne ou mauvaise : en effet, les dépenses du cultivateur sont les mêmes pour l'une et pour l'autre, mais elles seront en fin de compte, dix fois plus lourdes si elles se répartissent sur cent hectolitres de blé, que si elles se répartissent sur mille, et dans le premier cas le cultivateur sera obligé, je ne dis pas pour réaliser un bénéfice, mais pour recouvrer les avances qu'il a faites, d'élever le prix de son blé jusqu'au chiffre qui représente à peu près les frais de production. De là, une cherté dont souffrent les consommateurs, mais qui est inévitable.

Quand le blé manque, la loi de l'offre et de la demande est appliquée avec une rigueur qui est, on peut le dire, spéciale à cette denrée de première nécessité : la crainte de manquer de pain amène une panique générale, et tous ceux qui le peuvent s'empressent de faire des approvisionnements; ce qui conduit très rapidement à une hausse des prix plus considérable qu'elle ne devrait être : on a remarqué en effet que dans des cas pareils la hausse peut aller jusqu'au double, et même au triple de la valeur ordinaire, pour un déficit d'un cinquième seulement de la récolte moyenne.

C'est la panique qui produit cet effet désastreux, et les approvisionnements particuliers dont elle est la cause, ont immédiatement un effet plus désastreux encore; ils rendent le blé plus rare qu'il n'est réellement, les boulangers ne peuvent s'en procurer que des quantités très faibles, et il ne tarde pas à faire complètement défaut. On voit alors apparaître la hideuse famine avec sa suite accoutumée de crimes et d'horreurs de toutes sortes !

Heureusement, mes amis, nous n'avons pas eu dans ce siècle ces misères à subir; comme j'ai eu l'occasion de vous le dire une fois déjà, à propos de la liberté du travail, nous n'avons pas vu depuis longtemps une véritable famine, et nous avons facilement supporté d'importants déficits dans les récoltes. Lorsque j'en ai attribué l'honneur à la liberté du travail, je songeais déjà, mes amis, à l'une des applications de cette liberté, me réservant de vous en entretenir plus longuement par la suite; je songeais à la spéculation qui préserve les hommes de la faim!

Oui, mes amis, c'est à ceux qu'il appelle *les accapareurs*, que le peuple doit, en temps de disette, de ne pas subir les horreurs d'une famine, et voici pourquoi.

C'est parce qu'ils font l'office de greniers de réserve, et qu'ils n'amassent pas des provisions de blé pour les affecter à leur propre nourriture comme les gens effrayés dont je parlais tout à l'heure, mais bien pour les livrer à la consommation, en vue du bénéfice dont ils poursuivent la réalisation.

Examinons, en effet, les actes d'un spéculateur : il prévoit que très probablement la récolte sera mauvaise; vite il achète de grandes quantités de blé avant que la hausse ne se produise; quand elle s'est produite, il écoule ses approvisionnements, peu à peu : car s'il les rejetait en masse sur le marché, il produirait une baisse subite et ne réaliserait pas les gains en vue desquels il a agi, peut-être même ferait-il de grosses pertes.

Si la hausse se maintient, et que le prix soit assez rémunérateur pour couvrir les frais de transport, le spéculateur ne se contentera pas des approvisionnements qu'il a faits dans le pays, il fera venir des blés de l'étranger, et les livrera à la consommation avec prudence et de la même façon qu'il a vendu les premiers blés achetés par lui.

Sans doute, pendant toute une année, les consommateurs auront payé cher le pain qu'ils mangent, mais *ils n'en auront jamais manqué ;* n'est-ce pas un service considérable que leur auront rendu les spéculateurs?

Sans ces spéculateurs, les industriels qui fabriquent, en temps ordinaire, avec le blé, des pâtes pour potages, des gâteaux secs, etc., auraient continué peut-être leur fabrication, et concouru à rendre plus rare encore la farine destinée au boulanger : la hausse du prix, résultant des premiers achats faits par les spéculateurs, a eu pour effet de les empêcher d'acheter du froment. Les approvisionnements de blé chez les particuliers ont été rendus plus coûteux et par conséquent moins nombreux, par l'accaparement qu'en ont fait les spéculateurs; grâce à cet accaparement, il s'est trouvé dans leurs magasins des quantités considérables de blé qui ont nourri la population, et qui, sans eux, eussent été consommées très rapidement, ou, ce qui revient au même, *eussent paru consommées :* les travailleurs auraient tout à fait manqué de pain!

Quand la hausse s'est produite, les spéculateurs ont vendu, parce que leur intérêt était de vendre; toujours par intérêt, ils n'ont effectué que des ventes relativement peu importantes, et c'est fort heureux : car s'ils avaient essayé de vendre d'un seul coup tout ce qu'ils avaient acheté, le désastre, conjuré une première fois, se serait immédiatement reproduit : le blé fût devenu plus cher que jamais! Enfin, ils ont fait venir des blés de l'étranger, toujours dans leur intérêt; mais ils ont ainsi complété la quantité de blé nécessaire à la consommation de leur pays, et, sans l'initiative qu'ils ont prise, ces achats fussent devenus peut-être impossibles, à cause des prix qu'eût exigés le pays qui leur a vendu cette marchandise, dès qu'il aurait su combien elle était devenue indispensable!

En résumé, mes amis, je vous engage à ne jamais oublier que les spéculateurs accomplissent, dans les moments de disette, une véritable œuvre de salut, et qu'on a grand tort, non seulement de commettre contre eux des actes de violence, mais aussi de les injurier, de les flétrir du vilain nom d'*accapareurs*.

Il se produit, en effet, l'une des deux alternatives suivantes :

Ou la disette est factice : dans ce cas, le spéculateur est pris lui-même dans ses propres embûches, et il se ruine!

Ou bien la disette est réelle : alors le spéculateur sauve la société tout entière des horreurs de la faim !

XXXI. — Les débouchés.

Mes amis, lorsqu'on veut que le liquide qui remplit une bouteille en puisse sortir, on enlève le bouchon qui en ferme hermétiquement l'ouverture; cela s'appelle la déboucher. C'est par une application figurée de ce qu'on fait pour permettre à une bouteille de se vider, que l'on a donné le nom de *débouchés* aux ouvertures par lesquelles les produits du travail peuvent passer des mains du producteur dans celles du consommateur.

Quand on dit que l'industrie a d'autant plus besoin de débouchés qu'elle produit davantage, cela signifie qu'elle a besoin d'un plus grand nombre d'acheteurs.

Il arrive quelquefois que le nombre des acheteurs d'un produit s'accroît naturellement. Vous savez que l'abondance de la production amène presque toujours le bon marché du produit, et par suite l'augmentation de la demande. Quand le vin est peu abondant et qu'il vaut un franc le litre, il trouve beaucoup moins d'acheteurs que lorsqu'il abonde et que son prix est descendu à cinquante centimes. On dit alors que ce vin a trouvé un débouché naturel.

Il en est de même de tous les autres produits : ainsi le blé, lorsque la récolte a été excellente, trouve un débouché naturel dans l'emploi qu'en peuvent faire les fabricants de pâtes pour potage ou de pâtisserie sèche.

Mais il peut arriver aussi que l'industrie produise plus d'objets qu'elle n'en peut vendre et que les magasins des producteurs soient remplis de marchandises dont on n'a pas besoin. Cela peut se présenter notamment pour le vin et les céréales quand l'année a été extrêmement fertile; cela se présente aussi pour les produits transformés par l'industrie, tels que les fils et les tissus.

Cette abondance a ses dangers, comme la disette a les siens; car elle pourrait obliger les producteurs à se débarrasser à tout prix de leurs marchandises, et causer leur ruine par l'avilissement des prix qui tomberaient bientôt, en vertu de la loi de l'offre et de la demande, bien au-dessous des frais de production; or, il ne faut pas oublier que la ruine d'un producteur entraîne le plus souvent la suppression du travail et par conséquent la misère pour les ouvriers qu'il ne peut plus employer.

Voyons comment on peut parer à ces dangers.

Que fait-on quand il n'y a pas assez de blé dans un pays pour nourrir les habitants de ce pays? nous avons vu qu'on achète au dehors, ou selon l'expression en usage, qu'on importe le complément nécessaire. *Importer*, qui signifie littéralement *porter en dedans*, a son opposé qui est *exporter*, *porter au dehors*.

Eh bien, mes amis, de même que l'on fait l'importation du blé dans les temps de disette, et, en général, l'importation de toutes les marchandises qui font défaut, de même on fait l'exportation de celles que l'on a en excès.

C'est l'exportation qui fournit à l'industrie les débouchés dont elle a besoin, quand ses produits ne parviennent pas à s'écouler par le débouché naturel de la consommation locale ou nationale.

Je rencontre ici, mes amis, l'occasion de vous mettre en garde contre une dangereuse erreur qui trouve encore créance auprès de quelques personnes, grâce à l'appui que lui apportent les adversaires intéressés de la liberté commerciale.

Cette liberté pourtant a fait ses preuves, partout où elle a été essayée: la circulation libre des produits du travail humain, c'est le pain meilleur et moins rare, la famine évitée, les vêtements moins chers, l'agriculture et l'industrie plus actives parce qu'elles sont plus sûres du lendemain, c'est la vie, en un mot, plus facile pour tous.

En France, cette liberté a doublé en quinze ans les chiffres du commerce. C'est ici qu'apparaît l'erreur à laquelle je faisais allusion; elle consiste à soutenir que cette prospérité indéniable est une prospérité menteuse, et l'on ajoute : « Plus elle se développera, plus vite nous irons à la ruine; car nous avons *la balance du commerce* contre nous. Nos importations dépassent, de plus en plus, nos exportations; nous nous dépouillons donc de notre or et de notre argent, et par conséquent nous nous ruinons. » Eh bien, mes amis, il n'y a rien de plus faux que ce raisonnement, et vous allez le comprendre.

Il pèche d'abord par la base, en ce sens que la quantité de numéraire déposée à la Banque n'a cessé de s'accroître pendant les dernières années, au point d'égaler, sinon de dépasser (ce qui ne s'était jamais vu encore) le montant total des billets émis par elle.

S'il était vrai que la richesse d'un peuple consiste dans l'accumulation de l'or et de l'argent, nous serions encore très favorisés par la balance du commerce, car dans notre chiffre d'importation, on trouve une très forte quantité de numéraire, et l'on en trouve une très faible dans celui de nos exportations; cela s'explique : la France ne produisant pas l'or et l'argent, la monnaie est nécessairement une marchandise qui s'importe.

Mais nous savons par le double exemple de l'Espagne et de la Hollande que la richesse réside, non pas dans l'or et l'argent, mais dans le travail.

L'Espagne s'est crue riche à jamais quand elle a eu en sa possession le Nouveau Monde et ses mines inépuisables ; elle a cessé de travailler, a perdu sa prospérité ancienne, est déchue du rang qu'elle occupait parmi les nations, et n'a plus même aujourd'hui sous ses lois cette Amérique sur laquelle elle faisait reposer toute sa richesse !

La Hollande, au contraire, a beaucoup travaillé, et, sans avoir la moindre mine de métal précieux, est devenue l'une des nations les plus riches du globe !

C'est qu'en effet, mes amis, ce qu'il faut à un peuple, ce n'est pas beaucoup d'or, c'est beaucoup de travail, et il faut, en outre, que ce travail soit un travail national, ce qui revient à dire qu'il doit être conforme au tempérament et à l'aptitude de la nation, conforme au climat du pays qu'elle habite.

Revenons à ce qu'on appelle la balance du commerce : il n'y a aucun rapport nécessaire entre les importations ou exportations de marchandises diverses, et l'entrée ou la sortie de l'argent. En effet, le plus souvent l'argent ne figure dans les échanges qu'à l'état nominal : on évalue en argent, mais on paye en produits. Pour vendre, il faut acheter, et pour acheter, il faut vendre.

Ceci n'est pas nouveau pour vous, car vous savez bien qu'on n'achète des produits qu'en produisant soi-même.

L'argent que nous possédons, nous l'avons donc payé, comme le reste de nos produits, et nous n'avons aucun intérêt à en acheter au delà du nécessaire. C'est un ins-trument d'échange comme la route ou la voiture ; il est donc aussi inutile d'en avoir en quantité illimitée, qu'il serait inutile d'avoir dans une écurie une vingtaine de chevaux pour un service qui n'en réclamerait que quatre.

Je vous ai cité, comme exemple, deux nations qui ont pris deux voies différentes et qui sont arrivées à deux buts bien différents aussi. Prenons maintenant pour exemple un négociant qui s'est enrichi en faisant le commerce d'importation et d'exportation. Sans doute il a exporté le plus souvent qu'il a pu des marchandises diverses, mais il a exporté aussi quelquefois de l'or et de l'argent, à défaut d'autres marchandises, pour payer les denrées exotiques qu'il achetait : si le résultat final de ses opérations a été pour lui la richesse, c'est qu'il a plus reçu qu'il n'a donné, bien qu'il ait donné souvent du numéraire ; c'est, en d'autres termes, que le compte total de ses importations a dépassé le compte total de ses exportations.

Pourquoi ce qui est vrai pour un individu ne serait-il pas vrai pour un peuple tout entier ? pour que ce peuple soit riche, ne faut-il pas qu'il importe plus qu'il n'exporte ? qu'il reçoive plus qu'il ne donne ? L'idéal d'un peuple n'est pas en effet de se suffire à lui-même, sans rien demander aux autres ; il est de produire beaucoup. La contrée qui possède le pommier ne peut être celle où fleurit l'oranger ; on ne trouve en Europe, ni le café, ni le poivre, ni le coton. Un pays, même très productif, manque donc de beaucoup de choses qu'il est forcé d'importer, et plus il reçoit de ces choses, nécessaires à l'alimentation de ses habitants, comme les épices, ou indispensables à son industrie, comme les bois d'ébène ou d'acajou et les cotons bruts, plus il importe, en un mot, plus il est riche : et pourquoi ? parce qu'il reçoit beaucoup d'objets qui rendent dans son sein la vie plus facile, ou qui servent d'aliment à son travail.

Or, c'est grâce à l'activité de ce travail et au bien-être des hommes qui sont chargés de l'effectuer, que le nombre et la qualité des produits s'accroissent, et que, par suite, ce pays qui achète beaucoup peut aussi payer beaucoup : il paye avec ses produits, et on le paye avec des produits. S'il arrive qu'on le paye avec de la monnaie d'or ou d'argent, ce sera encore une importation.

En résumé, on peut affirmer que le but réel d'une nation est toujours d'importer le plus possible et d'exporter le moins possible, comme le but de tout homme dans ses transactions est d'obtenir beaucoup en donnant peu.

Il n'en est pas moins vrai, que pour faire passer à l'étranger les produits nationaux avec lesquels un pays payera, en totalité ou en partie, les produits dont il a besoin, pour vendre, en un mot, afin de pouvoir acheter, il faut que ce pays procure à ses produits des débouchés; en d'autres termes, il faut qu'il trouve au loin des consommateurs nouveaux et qu'il rende aussi facile et aussi peu coûteux que possible le transport des marchandises jusque dans les contrées qu'habitent ces consommateurs.

Cela revient à dire, mes amis, qu'il faut faciliter les échanges internationaux par des traités de commerce et multiplier les voies de communication. Nous rencontrons ici deux questions qui sont trop importantes pour que je les traite sommairement à la fin d'une de ces conférences: l'une d'elles, celle des voies de communication, fera le sujet de notre prochain entretien; l'occasion toute naturelle de traiter l'autre se présentera plus tard.

XXXII. — Les voies de communication.

Rappelez-vous, mes amis, ce que je vous ai dit précédemment sur les mérites comparatifs des divers modes de transport dont on puisse se servir : le plus parfait de tous est le chemin de fer, parce que c'est lui qui permet de transporter les plus lourds fardeaux, dans le moins de temps et au meilleur marché possible.

Stephenson, en créant les chemins de fer, a donc ouvert de nouveaux débouchés à l'industrie, car il lui a donné les moyens d'envoyer fort loin ses produits, sans que leur prix fût démesurément élevé par les frais de transport.

Fulton en créant les bateaux à vapeur, Sauvage en les dotant de ce rouage perfectionné qu'on appelle une *hélice*, ont aussi ouvert de nouveaux débouchés à l'industrie, car ils lui ont donné les moyens d'envoyer ses produits dans des conditions identiques, à travers les océans, en Asie, en Afrique, dans les deux Amériques, et jusque chez les habitants de la Polynésie.

L'invention des chemins de fer et celle des bateaux à vapeur ont eu, par une conséquence naturelle de la diminution des frais de transport, une action puissante sur le développement de l'industrie : aujourd'hui, en effet, grâce aux facilités que donnent ces deux moyens de transport et à la concurrence qu'ils ont fait naître, on peut faire venir, à des prix très modérés dans toutes les régions de la France, la houille, ce pain de l'industrie, qui ne pouvait autrefois être utilisée que dans le voisinage immédiat des centres de la production minière, c'est-à-dire dans quelques contrées de l'Angleterre, en Belgique, dans les départements du Nord et du Pas-de-Calais, et aux environs de Saint-Étienne!

C'est pourquoi, mes amis, vous voyez qu'on se préoccupe partout et toujours de créer de nouvelles voies de communication et d'améliorer celles que l'on possède.

Au village, on améliore les chemins vicinaux, en attendant qu'on puisse améliorer les chemins ruraux, parce que l'on sait bien que le même cheval peut traîner facilement sur un bon chemin 2,000 kilogrammes, alors que sur un mauvais il en traînera 1,000 difficilement, d'où il suit que le transport d'une marchandise coûte dans un cas le double de ce qu'il coûte dans l'autre.

A la ville, on ouvre de nouvelles rues et l'on élargit les anciennes, toujours pour faciliter le transport des personnes et des choses.

L'État et les départements créent de nouveaux chemins de fer, et, non contents de multiplier ces voies de communication qui sont les plus parfaites, ils s'imposent des sacrifices nouveaux pour compléter le réseau des voies navigables de la France; ils régularisent le cours des rivières et les réunissent entre elles par des canaux, de façon qu'un bateau puisse traverser la France en tous sens et porter, du nord au sud, de l'est à l'ouest, et sans transbordement, les marchandises dont il sera chargé. Savez-vous pourquoi l'on fait ces grands travaux, mes amis? C'est parce que sur ces chemins d'un genre particulier, sur ces *chemins qui marchent*, selon la belle expression d'un grand écrivain, Pascal, on peut transporter, à un prix moins élevé encore que sur les chemins de fer, les marchandises lourdes et encombrantes, qui n'ont pas besoin de voyager vite, telles que la houille et les matériaux de construction, fer, bois, pierre et ardoise.

La nécessité de donner de nouveaux débouchés aux produits du travail a fait exécuter en ce siècle des œuvres immenses.

Je vous citerai d'abord le percement du mont Cenis, l'une des montagnes de la chaîne des Alpes. C'est la France et l'Italie qui ont fait ce travail à frais communs dans l'intérêt de leurs industries réciproques, elles y ont construit un chemin de fer souterrain, qui vient se souder à ceux qui existaient déjà dans l'un et l'autre pays; l'établissement de cette voie directe a eu pour résultat d'épargner aux marchandises, allant de France en Italie ou d'Italie en France, le détour par Marseille et par Gênes ou Livourne, et d'éviter leur double transbordement d'un wagon dans un navire et de ce navire dans un autre wagon, c'est-à-dire des frais énormes. Or, toute diminution de frais conduit au bon marché, qui lui-même provoque la demande de nouveaux acheteurs; c'est ainsi que le tunnel du mont Cenis a ouvert de nouveaux débouchés aux produits de France et d'Italie.

Un tunnel semblable, qui vient d'être creusé sous le Saint-Gothard, aura des effets analogues sur le développement du commerce allemand, et le moment n'est pas éloigné où la France et l'Italie ne voudront pas se contenter d'une seule communication souterraine et perceront une fois de plus le massif des Alpes.

Un autre travail, tout aussi colossal, a été entrepris et mené à bonne fin, avec des capitaux français, par un de nos compatriotes, qui était préoccupé de l'idée qu'il était possible d'ouvrir de nouveaux débouchés à l'industrie de toute l'Europe civilisée, et qui a prouvé que son idée était praticable. Je veux parler de l'ouverture du canal maritime de Suez, de la création, au milieu des sables de l'isthme qui joint l'Afrique à l'Asie, d'une voie navigable, accessible aux plus grands navires, d'une route nouvelle qui permet aux marchandises envoyées d'Europe en Orient d'éviter le long détour par le cap de Bonne-Espérance, et qui abrège leur route de trois à quatre mille lieues en moyenne.

Celui qui a percé l'isthme de Suez ne s'en tiendra pas là : si grandiose que soit son œuvre, il en rêve une autre, aussi grandiose et aussi utile, le percement de l'isthme de Panama, entre les deux Amériques, et la jonction de l'Océan Atlantique avec le Pacifique.

Enfin, ne cherche-t-on pas en ce moment à réunir par des voies ferrées les points extrêmes de l'Afrique, et à pénétrer ainsi au centre des productions naturelles de ce grand continent, afin d'y trouver de nouvelles occasions d'échange ?

Il n'est pas jusqu'aux facilités que donnent au commerce les perfectionnements apportés au service des Postes, qui ne servent à multiplier les échanges avec les pays lointains ; à plus forte raison, l'invention du télégraphe aérien due à Chappe, puis celle du télégraphe électrique due aux travaux d'Ampère, peuvent-elles être considérées comme ayant ouvert de nouveaux débouchés à l'industrie : n'existe-t-il pas, en effet, un fil télégraphique sous-marin, qui permet à l'ancien continent de communiquer avec le Nouveau Monde en quelques minutes ?

Voilà, mes amis, les principales notions qu'il faut retenir sur l'importance des voies de communication dans la question des débouchés nécessaires à l'industrie.

Mais ce n'est pas tout; on peut transporter au loin, à peu de frais, des marchandises, et cela suffira tant qu'on ne rencontrera que des peuples civilisés. Mais trop souvent on se heurte à des populations barbares, peu capables d'apprécier l'utilité des produits qui leur sont offerts. C'est alors qu'apparaît le rôle bienfaisant de ces courageux pionniers de la civilisation, qui s'avancent, en bravant mille dangers, au milieu de populations presque toujours hostiles, essayant d'ouvrir avec elles des relations commerciales et qui y trouvent souvent la mort, comme l'officier de marine Francis Garnier au Tonkin, et comme tant d'autres dont je pourrais vous dire les noms, au centre de l'Afrique. Le sujet que je viens d'effleurer, mes amis, est bien captivant, mais nous pourrions être entraînés trop loin, si nous essayions de l'épuiser : il est temps de revenir aux notions élémentaires d'économie politique, et de tirer une conclusion de tout ce que je vous ai dit aujourd'hui.

Cette conclusion, la voici en quelques mots : la diminution des frais de transport permet aux produits d'aller plus loin et par suite de trouver de nouveaux acheteurs ; l'impulsion donnée ainsi à la circulation des richesses stimule leur création, excitée déjà par l'entrée des produits similaires offerts aux consommateurs par les nations étrangères.

Le travail national devient dès lors plus fécond, et il résulte de cette fécondité, non seulement que les prix ne s'élèvent pas dans le pays même où se fait la production, mais encore que les travailleurs sont appelés à partager les bénéfices d'une production plus abondante ; ce qui constitue pour eux une double source de bien-être.

XXXIII. — Le salaire.

Mes amis, toute opération faite dans des conditions normales, en vue de la production d'une richesse nouvelle, donne un excédent de production sur les dépenses ; cet excédent prend le nom de *produit net*, par opposition au *produit brut* qui comprend la totalité de la production sans défalcation des dépenses.

Comme nous devons commencer aujourd'hui l'étude de la distribution des richesses entre les trois facteurs de la production, c'est le produit brut que nous devons prendre pour point de départ de cette étude, par la raison que ce qui est une dépense pour l'un est souvent un produit pour l'autre : c'est ainsi que le salaire des ouvriers constitue pour eux un produit, tandis qu'il est une dépense pour l'entrepreneur.

S'il est une maxime juste, c'est celle qui est exprimée en ces termes : *à chacun selon ses œuvres*. Vous savez que toute espèce de production suppose le concours du travail, du capital et de l'intelligence ; il est clair que par application de la maxime que je viens de rappeler, chacun de ces trois facteurs devra prélever sur le produit brut une part correspondant à l'importance du rôle qu'il aura rempli dans la création de ce produit. Il s'agit de déterminer cette part qui reçoit des noms différents selon qu'elle est attribuée à l'un ou à l'autre des trois facteurs. C'est ainsi que la part réservée au travail s'appelle *le salaire;* c'est d'elle que nous nous occuperons d'abord.

Le salaire est une somme convenue d'avance entre le patron et les ouvriers moyennant laquelle ces derniers abandonnent au premier leur part dans le produit.

Comme ils travaillent pour vivre, et qu'ils ne peuvent pas attendre les résultats incertains de l'industrie qui les emploie, les ouvriers convertissent cette part tout à fait aléatoire en une somme fixe, payable à des époques déterminées : soit à la fin de chaque jour, soit à la fin de chaque semaine ou de chaque quinzaine, soit même à la fin de chaque mois. Le salaire n'est pas la seule manière de rémunérer le travail, mais c'est la plus usitée dans tous les pays, et c'est celle dont se sert surtout l'industrie.

Le salaire peut affecter des formes différentes ; voici les deux principales : tantôt l'ouvrier est payé *à la journée* et tantôt il est payé *a la tâche* (on dit quelquefois *aux pièces*).

Ce dernier mode de rémunération est le plus juste, parce qu'il est exactement proportionné à la somme des résultats fournis par le travail. En effet l'ouvrier qui est payé à la journée n'a d'autre intérêt que celui de contenter son patron, et c'est seulement de sa bonne réputation qu'il peut attendre un accroissement de salaire. Au contraire celui qui est payé à la tâche a un intérêt très direct au travail qu'il accomplit, puisque c'est du résultat de ce travail que dépend son salaire de la journée ; aussi travaille-t-il avec une ardeur qui lui fait oublier la fatigue, ardeur qu'on ne rencontre que très rarement chez l'ouvrier à la journée : celui-ci trouve généralement que le temps ne marche pas, tandis que l'autre trouve qu'il marche trop vite.

Néanmoins il faut reconnaître que le salaire à tant par pièce peut présenter quelques inconvénients, d'abord celui de pousser l'ouvrier à des excès de labeur qui peuvent ruiner sa santé, ensuite celui de provoquer une précipitation peu compatible avec la bonne qualité des produits Il est plus facile de parer à ce dernier inconvénient qu'au premier : il suffit en effet de substituer le salaire à la journée au salaire à la tâche dans toutes les productions qui exigent des soins particuliers.

Quoi qu'il en soit, mes amis, la rémunération à tant par pièce doit être généralement préférée à la rémunération à tant par journée, parce qu'elle établit tout naturellement la distinction nécessaire entre les faibles et les forts, entre les paresseux et les laborieux, et ensuite parce qu'elle permet de compter sur l'achèvement rapide de la besogne entreprise.

Voici quelques exemples de ces deux sortes de salaires, pris dans des ordres de production différents.

Les architectes sont presque toujours rétribués à la tâche ; ils reçoivent en effet des honoraires calculés à tant pour cent sur le prix des travaux qu'ils dirigent ; ils ne sont rétribués à la journée que lorsqu'ils reçoivent un traitement fixe, en qualité d'agents permanents d'une ville ou d'une société : un architecte qui touche un traitement annuel de 4,500 francs, doit, en effet, être considéré comme étant payé à raison de 12 fr. 50 c. par journée de travail.

La même distinction doit être établie entre le médecin civil et le médecin militaire ; le premier est payé à la tâche, puisqu'il reçoit une somme fixe pour chaque visite qu'il fait aux malades, et le second est payé à la journée, puisque, en sa qualité de fonctionnaire public, il reçoit un traitement annuel.

Le maçon est ordinairement payé à la journée, tandis que le terrassier est payé à la tâche ; il ne serait pas équitable en effet de baser en toute occasion le salaire du premier sur la quantité de maçonnerie qu'il aura faite, tandis que l'on peut très facilement calculer le salaire du second à raison de tant par mètre cube de la terre enlevée par lui.

Pour des motifs à peu près analogues, l'ouvrier cordonnier qui répare les souliers dans l'atelier de son patron est payé à la journée, tandis que celui qui fait des chaussures neuves dans son propre logement pour le compte du même patron, est payé aux pièces.

Je vous ai dit, mes amis, que les deux principales formes du salaire sont la rémunération à tant par pièce et la rémunération à tant par jour. Elles sont aussi les seules qui offrent des résultats fixes et certains.

Le salaire peut en effet affecter d'autres formes: ainsi il y a des exemples de travaux qui sont rémunérés par une part dans les bénéfices de l'entreprise. Mais alors, par la raison que je vous ai déjà donnée, l'ouvrier qui a besoin de son salaire pour vivre, réclame le plus souvent le paiement d'une somme fixe, à laquelle vient s'ajouter, comme par surcroît, le produit incertain de sa participation aux bénéfices. C'est ainsi que les commis de certains magasins reçoivent d'abord un traitement fixe et ensuite une part dans les bénéfices que détermine la liquidation annuelle.

Lorsque la rémunération du travail consiste uniquement dans le partage des bénéfices, l'ouvrier qui manque généralement d'avances, se plaint presque toujours de ce mode de paiement, parce qu'il n'assure pas suffisamment sa nourriture et celle de sa famille. Aussi ce genre de salaire est-il peu employé ; on ne le trouve guère en usage que chez les gens de mer, et particulièrement chez les pêcheurs des côtes de Normandie, qui reçoivent de fortes sommes lorsque la pêche a été abondante et que le poisson s'est bien vendu, mais qui sont exposés à ne toucher presque rien quand la pêche a été médiocre, et même rien quand elle a été nulle. Aussi sont-ils opposés à ce genre de rémunération, qui tend d'ailleurs à disparaître pour faire place au système mixte que je viens d'exposer, système qui présente tout à la fois les avantages du salaire à la journée (par la partie fixe) et ceux du salaire à la tâche (par la partie variable consistant dans une portion des bénéfices).

Au point de vue de la production, ce système mixte est assurément préférable aux deux autres systèmes, dont le meilleur est, ainsi que je vous l'ai dit, le salaire à la tâche, parce qu'il excite l'ouvrier à produire davantage. En effet, la rémunération du travailleur par une part des bénéfices ne permet pas, comme le salaire aux pièces, que la qualité des produits soit sacrifiée à leur quantité; elle a pour résultat certain d'intéresser l'ouvrier au succès complet de l'œuvre, et dès lors il s'inquiète autant de la qualité des produits que de leur quantité : il fait vite et bien, ce qui est le but de toute entreprise sérieuse.

On peut donc faire des vœux pour que cette combinaison se généralise, et c'est ce qui aura lieu très probablement lorsque ses avantages auront été compris par tous les intéressés, c'est-à-dire par les patrons et par les ouvriers.

En attendant ce moment encore éloigné peut-être, c'est le système simple, celui du salaire fixe à tant par jour ou à tant par pièce, qui est le plus fréquemment usité ; il doit donc attirer plus spécialement notre attention ; d'ailleurs, il nous offre encore un large champ d'étude.

Il ne suffit pas, en effet, de savoir de quelle façon le travail peut être rémunéré, il faut se rendre compte des causes qui influent sur le taux de cette rémunération.

XXXIV. — Le salaire *(suite)*.

Si vous n'avez pas oublié, mes amis, la leçon que je vous ai faite, il y a quelques semaines déjà, sur les causes diverses pour lesquelles le prix des produits s'élève ou s'abaisse, il vous sera facile de comprendre pourquoi le taux des salaires subit aussi des variations; car il est soumis aux mêmes lois.

On voit monter le chiffre de la rémunération pour le travail très demandé et peu offert, de même que l'on voit s'élever le prix des objets qui sont peu abondants, alors que beaucoup de consommateurs désirent les posséder. A l'inverse, on voit descendre le chiffre de la rémunération pour le travail très offert et peu demandé, de même que l'on voit s'abaisser le prix d'un objet que son producteur cherche à vendre à des personnes qui ne se soucient pas de l'acheter.

Si un travail est pressé et si les ouvriers disponibles sont rares, l'entrepreneur sera obligé de les payer davantage; si au contraire le travail vient à manquer aux ouvriers, ceux-ci seront forcés d'accepter un salaire moindre.

C'est l'application de la loi de l'offre et de la demande; elle peut, sans aucun doute, paraître dure, soit aux patrons, soit aux ouvriers, qui la subissent; mais elle n'a rien d'injuste, et elle permet souvent d'éviter des maux pires encore En voici la preuve.

Un ouvrier se présente successivement chez tous les patrons qui emploient des gens de sa profession dans une ville, et il leur offre ses services; mais tous répondent qu'ils ont autant d'ouvriers qu'ils en peuvent occuper, et que par conséquent il leur est impossible de lui donner de l'ouvrage L'ouvrier insiste, car il a besoin de gagner quelque argent pour manger, et il offre de travailler à un plus bas prix pendant quelque temps.

Enfin il trouve un patron qui accepte ce marché, soit parce que ce patron est un peu plus hardi que les autres, soit parce qu'il dispose d'un capital plus important. Voilà notre ouvrier préservé de la faim : peut-on dire que le patron qui l'emploie, a spéculé sur sa misère? Nullement, et voici pourquoi : ce patron sait qu'il peut écouler tous les ans un millier des objets qu'il produit, et il a juste le nombre d'ouvriers nécessaires pour cette production (supposons deux, à raison de 500 articles par ouvrier). Il sait que s'il en produit 1,500 au lieu de 1,000, il risque de ne pas vendre les 500 qui formeront l'excédent et de perdre ainsi les avances qu'il aura faites en matières premières et en salaires payés à ses ouvriers ; cependant il consent à cette production supplémentaire, dans l'espérance que l'économie réalisée sur le prix du salaire payé à son nouvel ouvrier, lui permettra d'abaisser d'autant le prix de ses produits, et d'attirer de nouveaux acheteurs par l'attrait du bon marché.

S'il est trompé dans cette espérance, il sera, pour le moins, gêné pendant un certain temps, il sera ruiné peut-être, il pourra même faire faillite; ce qui revient à dire qu'il aura risqué son patrimoine et son honneur dans une spéculation, entreprise pour permettre à un ouvrier de ne pas mourir de faim! De quoi peut donc se plaindre cet ouvrier? des circonstances qui l'ont mis dans cette situation, oui ; mais du patron qui l'emploie, non! Vous pouvez, mes amis, généraliser cet exemple, car c'est ainsi que s'explique le plus souvent la baisse des salaires ; leur hausse provient des causes contraires : par exemple, un patron devra offrir aux ouvriers un salaire plus élevé, s'il est menacé de voir sa production arrêtée par le manque de bras.

C'est là une des raisons principales pour lesquelles l'introduction des machines dans l'industrie a eu pour résultat de faire hausser les salaires, rappelez-vous l'exemple que je vous ai cité : le prodigieux accroissement du nombre des ouvriers employés dans les filatures de coton! Ce qui a attiré et retenu dans les villes tous ces ouvriers, c'est l'élévation constante du taux des salaires. Par une conséquence naturelle, le manque de bras s'est fait sentir dans les campagnes, menacées de se dépeupler au profit des villes ; ceux qui sont restés fidèles aux travaux agricoles ont vu, dès lors, eux aussi, s'élever leurs salaires. Ainsi se trouvent encore une fois prouvées l'injustice et l'absurdité des accusations portées contre les machines, qui devaient, disait-on, supprimer le travail des hommes et les réduire à la misère : elles ont fait grossir le nombre des ouvriers et elles ont contribué à l'élévation de leurs salaires !

Quand on examine avec quelque attention le phénomène de la hausse ou de la baisse des salaires, on est amené, mes amis, à faire une remarque curieuse : en vertu du principe qui tend à égaliser le prix des choses avec les frais de leur fabrication, celui qui réalise le bénéfice provenant de la baisse des salaires ou qui subit la perte provenant de leur hausse, ce n'est pas, comme on est trop souvent porté à le croire, l'entrepreneur, dont les chances de gain sont toujours balancées par des chances de perte (l'exemple que j'ai pris, il n'y a qu'un instant, le prouve du reste); c'est, en fin de compte, le consommateur.

La concurrence, dont vous avez vu l'influence sur la valeur des choses, agit également sur le taux des salaires. Un travail facile est rarement payé cher, par la raison qu'il se présente toujours un grand nombre d'hommes pour l'accomplir, et que chacun d'eux cherche à l'emporter sur ses concurrents en abaissant le chiffre de la rémunération qu'il demande. Au contraire, un travail difficile est toujours payé très cher, parce qu'il constitue une sorte de monopole au profit du petit nombre des hommes qui sont capables de le mener à bien ; c'est ainsi que l'on voit attribuer des salaires de 15 à 20 francs par jour à des ouvriers que d'heureuses dispositions, développées par l'instruction, ont mis en état d'exécuter des meubles sculptés, des gravures sur métaux ou des dessins de broderie.

Si variables que soient les salaires dans une même industrie, sous la double influence de la concurrence, d'une part, de l'offre et de la demande, d'autre part, ils ont cependant, aussi bien que la valeur des choses, une base normale dont ils tendent sans cesse à se rapprocher, se tenant tantôt un peu au dessus et tantôt un peu au dessous. Vous savez que le point fixe autour duquel oscille la valeur des choses, c'est le montant des frais de production ; eh bien, mes amis, le point fixe autour duquel oscille le taux des salaires, c'est la somme nécessaire à l'existence de l'ouvrier, à l'entretien de son ménage. On peut, en effet, remarquer que les salaires sont généralement plus élevés dans les villes où les objets nécessaires à la vie sont cher, que dans les villages où ces mêmes objets sont à un plus faible prix.

Ainsi donc, deux faits à enregistrer : d'une part, la variété des salaires due à la variété des travaux accomplis, et les variations de ces mêmes salaires, dans une même industrie, dues à la concurrence et à l'intensité de l'offre ou de la demande ; d'autre part, leur quasi-fixité autour d'un point fixe, qui est le chiffre des dépenses nécessaires à la vie du travailleur. Est-ce à dire que l'ouvrier sera toujours empêché de jouir d'un salaire invariablement supérieur à ses premiers besoins, alors qu'il peut se trouver exposé à recevoir une rémunération insuffisante ?

Ce serait profondément injuste, et c'est absolument inexact : comment un aussi grand nombre de travailleurs pourraient-ils déposer à la caisse d'épargne les sommes considérables dont je vous ai parlé, si cela était vrai?

Mais alors, direz vous, il y a ici une contradiction absolue : si le taux du salaire est déterminé par le taux normal des frais d'entretien, ceux qui ont fait des épargnes ont dû se priver du nécessaire, ou bien le chiffre du salaire est toujours supérieur au chiffre des dépenses inévitables!

Je vais vous faire comprendre, mes amis, pourquoi cette apparente contradiction n'existe pas en réalité.

Il y a là une question de mœurs générales : ce qui était pour les pères des ouvriers d'aujourd'hui un objet de luxe est souvent devenu pour ceux-ci un objet de première nécessité.

Y a-t-il rien qui ressemble moins au logement insalubre et presque sans meubles d'un ouvrier d'autrefois, que le logement, bien aéré et proprement meublé, qu'exige avec raison l'ouvrier d'aujourd'hui?

L'alimentation est-elle aussi médiocre, je pourrais dire aussi aléatoire que jadis? où est le travailleur qui se contenterait pour lui et les siens des vêtements qu'avait son père et que lui-même portait dans son enfance?

Non, les besoins ont augmenté d'une façon générale, et d'une façon générale aussi, le taux des salaires s'est élevé proportionnellement à l'accroissement des besoins, par application de la loi économique que j'ai énoncée.

Et en même temps que ce salaire tendait à s'augmenter, sans cependant dépasser la limite des besoins constatés (besoins anciens ou besoins nouveaux, peu importe, mes amis), à ce salaire fixe venait s'ajouter une sorte de salaire additionnel, consistant dans l'amélioration graduelle des conditions de l'existence, amélioration due à l'accroissement du nombre des produits, à l'abaissement de leur prix et à leur incessant renouvellement. En sorte que ceux qui ont épargné une part de leur salaire en vue de l'avenir, ont pu le faire sans nuire à la satisfaction de leurs besoins légitimes, et seulement en retranchant de ces besoins la petite part inévitablement faite au superflu dans tous les calculs humains.

Vous devez maintenant saisir le véritable caractère du principe que nous avons posé : c'est une simple tendance, ce n'est pas une loi fatale qui conduirait tout droit à la stagnation indéfinie des salaires ; or, je viens de vous démontrer que ceux-ci se sont élevés.

Mais il ne dépend ni des lois, ni des hommes qui les font ou qui les appliquent, que cette tendance n'existe pas.

Ce que les hommes ont pu faire a été fait jusqu'à présent, on en trouve la preuve dans les lois, qui ne sont pas autre chose, quand elles sont justes, que la consécration des progrès accomplis par l'humanité! Dans la question que nous étudions en ce moment, un progrès a été reconnu possible il y a quelques années, et une loi l'a consacré, je vous parlerai de cette loi dans notre prochaine réunion.

XXXV. — Les coalitions.

Vous avez vu, mes amis, que le taux du salaire tend sans cesse à se rapprocher du chiffre des dépenses nécessaires de l'ouvrier, qu'il s'abaisse ou s'élève avec le prix des choses indispensables à cet ouvrier.

Il ne faut pas croire cependant que l'effet suive immédiatement la cause, et que le salaire se modifie sans délai, dès que le prix des objets de première nécessité a subi lui-même une modification. Il s'écoule quelquefois un temps fort long entre la cause et l'effet, de sorte que, tantôt les ouvriers continuent à recevoir des salaires devenus inférieurs à leurs frais d'entretien, et tantôt les patrons continuent de payer des salaires devenus supérieurs à ces mêmes frais. Cela tient, mes amis, à la force de l'habitude, si puissante sur les actions humaines : on payait tel prix pour tel travail ? on continue de payer le même prix, et il faut pour que l'on songe à changer ce prix dans un sens ou dans l'autre, que les inconvénients qu'il présente se soient affirmés par leur répétition même : il faut que l'entrepreneur ait subi des pertes successives qui attirent enfin son attention, ou que la gêne ressentie par l'ouvrier soit devenue intolérable.

En général, c'est seulement alors que le patron notifie à l'ouvrier la réduction du salaire qui lui est imposée par les circonstances, ou que l'ouvrier demande au patron l'augmentation de salaire qui est nécessitée par la cherté des moyens d'existence.

Il y a à peine quelques années, une autre cause venait s'ajouter à celle de la coutume pour maintenir les salaires à leur ancien taux, malgré les modifications que le prix des subsistances pouvait avoir éprouvées ; cette cause était la loi qui réglait *les coalitions*.

Avant de vous expliquer quelle était la portée économique de cette loi et de vous faire connaître les améliorations qu'elle a reçues, je dois vous donner une idée de ce qu'on entend par le mot de *coalition*. Il vient d'un mot latin qui signifie *se souder, se réunir intimement*. Dans l'ordre économique, la coalition est l'union, soit des patrons ou maîtres, soit des ouvriers ou domestiques, pour modifier à leur profit les conditions du travail et particulièrement les salaires ; soit enfin des producteurs ou des consommateurs, pour modifier les prix et en général les conditions de l'échange.

La coalition des gens de travail prend quelquefois un autre nom, celui de *grève*, voici d'où vient ce nom : à Paris, plusieurs corps de métiers ont, de temps immémorial, l'habitude de recruter leurs ouvriers sur la place de l'Hôtel-de-Ville, qu'on appelait autrefois *place de Grève;* par extension du sens de se tenir sur la place en attendant de l'ouvrage, l'on a donné le nom de grève à la coalition d'ouvriers qui refusent de travailler, tant qu'on ne leur a pas accordé certaines conditions qu'ils réclament.

On peut citer, comme exemples des diverses sortes de coalitions que j'ai indiquées :

Celle des patrons d'une même industrie qui s'entendraient entre eux pour imposer à leurs ouvriers, soit la diminution des salaires, soit l'augmentation du nombre des heures de travail, ou bien, en cas de refus, pour fermer leurs ateliers;

Celle des ouvriers d'une même profession, qui se concerteraient pour demander aux patrons, soit l'augmentation des salaires, soit la diminution du nombre des heures de travail, ou bien, en cas de refus, pour déserter les ateliers;

Celle des producteurs d'un objet utile, qui conviendraient d'exiger un prix plus élevé, sinon, d'obliger les consommateurs à se passer de cet objet;

Et, enfin celle des consommateurs qui décideraient, après une délibération, de ne plus acheter un objet à moins que son prix ne soit abaissé.

Remarquez, mes amis, que dans tous ces cas, sans exception, l'effet certain d'une coalition est toujours la cessation d'un travail, l'arrêt d'une production, et par conséquent un amoindrissement important de la richesse générale.

Vous devez donc aisément comprendre que la question des coalitions ouvrières ou industrielles ait beaucoup préoccupé les sociétés modernes, et que les législateurs aient dû souvent l'étudier.

Soit à cause des maux qu'occasionne l'arrêt subit d'une branche du travail national, soit à raison des misères que n'ont jamais manqué d'amener avec elles, chez ceux-mêmes qui faisaient grève, les coalitions d'ouvriers et de patrons, les auteurs du Code pénal de 1810, revu en 1832, avaient tranché la question dans un sens très sévère; en 1849, on avait quelque peu adouci les pénalités, sans atténuer le caractère délictueux qu'on assignait aux coalitions.

Sous l'empire de ces lois, qui punissaient toute espèce d'entente, réalisée ou même tentée, en vue de la modification des conditions du travail, les ouvriers se trouvaient empêchés, par la crainte d'une répression sévère, de débattre utilement leurs intérêts; en sorte que, à la force de la coutume dont je vous parlais tout à l'heure, venaient se joindre l'isolement de chacun des intéressés et l'impuissance qui en était la suite naturelle, pour maintenir au taux ancien des salaires évidemment inférieurs à ce qu'ils devaient être, et pour annuler, en fait, la tendance économique que je vous rappelais au début de cette leçon, celle qui rapproche toujours le chiffre des salaires de celui des frais d'entretien.

Cette fâcheuse situation a été modifiée par une loi de 1864 qui a, pour ainsi dire, innocenté les coalitions.

Les auteurs de cette loi sont partis de cette idée qu'il n'y a pas de travail forcé dans une société qui a la liberté pour principe, et que chacun, en somme, peut donner ou refuser ses bras, son intelligence, les forces dont il dispose enfin, et les coter au prix qui lui convient.

Vous vous rappelez sans doute que je vous ai dit, mes amis, ce qu'avait été la révolution économique, faite à la suite de la révolution politique de 1789, comment le régime de la libre concurrence avait été substitué, pour l'industrie, au régime des jurandes et des maîtrises, et comment avaient été démentis par les résultats les prophètes de malheur qui prétendaient qu'on allait tuer l'industrie française, en substituant résolûment le régime de la liberté au régime de la contrainte, et qui, amoureux de la liberté politique, répudiaient les maximes des apôtres de la liberté économique.

Eh bien, mes amis, la loi de 1864 a fait pour la question des salaires, ce que la Révolution avait déjà fait pour celle des maîtrises et de l'apprentissage; elle n'est qu'une suite naturelle des principes posés en 1791.

Elle innocente les coalitions, vous ai-je dit, mais elle punit les violences, voies de fait, menaces ou manœuvres frauduleuses, qu'emploient trop souvent encore les moins scrupuleux ou les plus violents pour entraîner leurs camarades ou confrères, sans l'aveu desquels tout travail pourrait n'être pas interrompu, sans lesquels, en un mot, il n'y aurait pas de coalition. Elle les punit très sévèrement puisque les auteurs de ces manœuvres coupables peuvent encourir un emprisonnement de six jours à trois ans et une amende de 16 à 3,000 francs, sans préjudice de la surveillance de la haute police, pendant deux ans au moins et cinq ans au plus. Elle punit aussi, mais avec moins de rigueur, les ouvriers, patrons ou entrepreneurs d'ouvrage qui à l'aide d'amendes, défenses, prescriptions, interdictions, prononcées par suite d'un plan concerté, auraient porté atteinte au libre exercice de l'industrie ou du travail. Cette loi est applicable aux travailleurs des campagnes, fermiers, moissonneurs, etc., aussi bien qu'aux travailleurs des ateliers urbains.

Nous venons de voir ce que défend la loi actuelle sur les coalitions : que permet-elle donc ?

Elle permet les délibérations communes de tous les intéressés, et leur lutte pacifique contre ceux qui ont un intérêt contraire ; elle permet même la cessation du travail, quand cette cessation n'est pas le produit d'une manœuvre coupable.

Mais il est bon de savoir, mes amis, que c'est là une permission dangereuse pour ceux qui en usent, et que, si les ouvriers peuvent remercier la loi de 1864 d'avoir fait cesser leur ancien isolement et de les avoir mis en état de débattre utilement les conditions de leur travail, ils doivent bien se garder de se servir jusqu'à leur extrême limite des droits qu'elle leur donne : il faut en effet redouter la grève à l'égal d'un fléau !

Pendant la grève, les économies de chacun des coalisés disparaissent avec une rapidité effrayante : employées d'abord à la subsistance de ceux qui les ont faites, elles pourvoient aussi, forcément, à la nourriture de ceux qui n'en avaient pas fait, et cela, afin de les maintenir hors de l'atelier, en vue du succès même de la grève ! Quand les économies ont disparu, il faut recourir à la charité publique, qui ne réussit pas toujours à sauver tout le monde de la maladie et même de la mort ! Je pourrais vous citer plus d'une grève qui a eu ces terribles conséquences, sans compter le danger que courent les coalisés de dépasser, sous la pression de la souffrance et de la colère, les bornes de la légalité et d'entacher une existence jusqu'alors intacte par le remords d'une faute grave et par le souvenir ineffaçable d'une répression rigoureuse !

En résumé, mes amis, la coalition peut avoir un bon

résultat lorsqu'elle est le produit de délibérations exemptes de haine et de fourberies, et qu'elle se borne à la nomination de quelques délégués, choisis parmi les plus sages et chargés de présenter avec calme les réclamations de tous. La Fontaine l'a dit :

Plus fait douceur que violence.

Encore faut-il que les ouvriers qui réclament une augmentation de leurs salaires par ce moyen extrême, soient bien assurés d'avoir raison, et qu'ils n'oublient pas deux choses :

La première, c'est qu'il est impossible que le salaire puisse être de beaucoup supérieur à la somme nécessaire pour vivre ;

La seconde, c'est que, le travail n'étant pas le seul agent de la production, il convient qu'il respecte la part des deux autres, et qu'il sache se contenter de la sienne comme ils se contentent de la leur.

XXXVI. — La rémunération du capital.

Nous avons posé en principe, mes amis, que tous ceux qui concourent à la production d'une richesse nouvelle doivent prélever une part des bénéfices qu'elle procure, et nous avons vu comment se calcule la part due au travail. Il s'agit aujourd'hui de rechercher quelle sera celle du capital.

Les explications que je vous ai fournies sur le rôle important du capital dans la production, et sur les formes diverses qu'il peut affecter, me dispensent d'entrer dans de longs détails pour démontrer qu'il serait souverainement inique de refuser une rémunération à un facteur de la production aussi actif que le capital, à un agent tellement indispensable que rien ne peut se faire sans lui, et pour vous prouver que, s'il est juste de payer l'ouvrier parce qu'il rend un service, il est juste également de payer le capitaliste parce que, lui aussi, il rend un service.

Lorsqu'un travailleur économe a déposé 100 francs à la Caisse d'épargne, cette institution lui attribue au bout d'un an 3 fr. 50 c. de plus, pour la rémunération des services que son capital a rendus en portant la fertilité dans une branche quelconque du travail national. La rémunération du capital, lorsqu'il se présente sous la forme d'une somme d'argent, s'appelle *l'intérêt*.

L'intérêt que paie la Caisse d'épargne n'est que de 3 francs 1/2 pour 100 francs, parce que les déposants peuvent à leur volonté retirer les sommes inscrites sur leur livret. Mais l'intérêt que les emprunteurs ordinaires paient à ceux qui leur ont prêté une somme d'argent, est de 5 0/0, il ne peut *légalement* dépasser ce taux, excepté dans les affaires commerciales, où il s'élève à 6 0/0. Je reviendrai bientôt sur cette question.

Au fond, l'intérêt n'est autre chose que le loyer de l'argent. Celui qui se loge dans une maison appartenant à autrui, paie une somme convenue pour le loyer de l'appartement qu'il occupe; pourquoi? parce que cette maison représente pour celui qui en est le propriétaire, le résultat de travaux antérieurs, souvent considérables, et qu'il est juste qu'il retire de ces travaux tout le profit qu'ils peuvent donner ; et en outre, parce que ce propriétaire rend un grand service à son locataire, en le dispensant de faire ce qui souvent lui serait impossible, de bâtir lui-même une maison qui le protège, ainsi que sa famille, contre les intempéries des saisons. S'il est juste d'exiger le loyer d'une maison, il est également juste d'exiger le loyer d'une somme d'argent qu'on a prêtée, parce que cet argent représente aussi le résultat de travaux antérieurs, et qu'il rend des services à un autre que celui qui a pris la peine de l'économiser et qui s'en est privé.

En raison de cette parité dans les services rendus, l'économie politique se refuse à admettre la distinction qu'une loi de 1807 a établie entre le taux de l'intérêt (c'est-à-dire le taux du loyer de l'argent) et celui du loyer de tous les autres produits sans exception. Pourquoi la loi limite-t-elle l'un à 5 ou 6 0/0, quand elle ne limite pas les autres? On a mis en avant les dangers de *l'usure*, c'est à dire de l'intérêt excessif qu'un capitaliste pourrait être tenté d'exiger d'une personne ayant un besoin absolu d'argent. Ce danger est moindre que celui qui résulte d'une entrave apportée à la liberté du commerce. D'ailleurs ceux qui subissaient ces exigences sont généralement des prodigues peu intéressants par eux-mêmes, et il est à remarquer qu'en fait ils les subissent déjà malgré la loi, les usuriers sachant fort bien leur faire signer le reçu d'une somme plus forte que celle qui leur a été réellement livrée. De sorte qu'en fin de compte, le but de la loi n'est pas atteint, et, ce qui est pire encore pour la moralité publique, la loi reste impuissante, la loi n'est pas respectée. On commence à s'en préoccuper, et l'économie politique aura rendu un véritable service à la morale et à la justice, quand elle aura obtenu des législateurs une loi proclamant la liberté du taux de l'intérêt. N'est-il pas juste, en effet, qu'au lieu d'être loués uniformément 5 ou 6 francs par an, 100 francs soient loués plus ou moins cher, selon que l'argent est plus ou moins rare, ou que la confiance du capitaliste est plus ou moins grande? L'argent n'est-il pas une marchandise comme une autre? pourquoi donc serait-il toujours soustrait à la loi de l'offre et de la demande que subissent les autres marchandises?

Mais laissons là la question accessoire du taux de l'intérêt, et revenons à la question principale. Il n'est pas défendu assurément de prêter de l'argent sans intérêt à un parent, à un ami même, ou de lui concéder gratuitement un logement dans sa maison; mais c'est là un acte de pure bienfaisance, basé uniquement sur l'affection qu'on a pour ce parent ou cet ami. En dehors de ces cas tout à fait exceptionnels, chacun a le droit de tirer de son capital tout le profit qu'il peut honnêtement donner; on peut même ajouter, quand on sait toute l'importance des capitaux dans la production générale que, c'est un devoir de le faire. En effet, si le capital — quelque forme qu'il affecte, terre ou maison, fonds de commerce ou somme d'argent — ne réclamait pas la rémunération qui est justement due à ses services, il arriverait bientôt que l'on cesserait de faire des économies; ou bien, ce qui serait aussi fâcheux au point de vue de la production générale et du bien-être de tous, il arriverait que ceux qui en auraient fait antérieurement, les cacheraient avec soin, et alors personne ne bâtirait de maisons, personne ne prêterait d'argent, personne ne risquerait un sou dans une affaire commerciale!

Voilà, mes amis, le droit du prêteur bien établi; regardons maintenant du côté de l'emprunteur. Que pourrait faire un cordonnier qui n'aurait ni cuir ni argent pour en acheter? rien absolument! il serait en proie à la misère! Si donc il trouve un capitaliste qui lui prête une somme d'argent, avec laquelle il pourra se procurer les matières premières qui lui font défaut, et se livrer au travail qui le fait vivre, est-ce qu'il ne sera pas heureux de donner à ce capitaliste une faible partie de son gain en paiement du prêt qui lui a été fait et qui a été la cause primitive de ce gain?

Croyez-vous que le cordonnier serait un honnête homme, s'il se plaignait du capitaliste, s'il l'injuriait, en l'accusant de dérober à son travail un profit illicite et de spéculer sur sa misère? Évidemment non; vous lui reprocheriez d'abord de manquer de reconnaissance, et, même en laissant de côté les sentiments purement moraux qui sont en dehors de la question, vous le blâmeriez de refuser le paiement du service qui lui a été rendu.

C'est pourtant ce que font malheureusement quelques hommes dont l'esprit manque de justesse; et il sera sans doute superflu de vous dire que ces hommes, qui s'élèvent contre la prétendue tyrannie du capital, sont les mêmes qui attaquent le principe de la propriété!

La Fontaine, que j'aime à citer parce que c'est l'auteur que vous connaissez le mieux, les a combattus d'avance dans sa fable intitulée *Les Membres et l'Estomac* :

> De travailler pour lui les membres se lassant,
> Chacun d'eux résolut de vivre en gentilhomme,
> Sans rien faire, alléguant l'exemple de Gaster (1).
> « Il faudrait, disaient-ils sans nous qu'il vécût d'air,
> Nous suons, nous peinons, comme bêtes de somme
> Et pour qui? pour lui seul nous n'en profitons pas,
> Notre soin n'aboutit qu'à fournir ses repas
> Chômons, c'est un métier qu'il veut nous faire apprendre »
> Ainsi dit ainsi fait Les mains cessent de prendre,
>   Les bras d'agir, les jambes de marcher.
> Tous dirent à Gaster qu'il en allât chercher.
> Ce leur fut une erreur dont ils se repentirent:

---

(1) Mot latin signifiant l'estomac.

> Bientôt les pauvres gens tombèrent en langueur,
> Il ne se forma plus de nouveau sang au cœur,
> Chaque membre en souffrit, les forces se perdirent.
> Par ce moyen les mutins virent
> Que celui qu'ils croyaient oisif et paresseux
> A l'intérêt commun contribuait plus qu'eux

Reprenons, mes amis, à un autre point de vue, l'exemple du cordonnier que j'ai supposé : s'il était imbu des idées fausses dont nous venons de faire justice, s'il prétendait se servir gratuitement de l'argent du capitaliste, celui-ci pourrait lui dire : « Est-ce que vous donnez pour rien les chaussures que vous fabriquez? Non, parce qu'elles font partie de votre capital, étant le produit de votre travail. Eh bien, mon argent, c'est mon capital, à moi, et il est aussi le produit de mon travail. Souffrez donc que j'en retire un profit, comme vous retirez un profit de la vente de vos chaussures! »

Le même raisonnement est applicable, mes amis, à toutes sortes de capitaux : le fermier qui loue des champs et des prés, doit au propriétaire de ces terres un loyer qui prend le nom particulier de *fermage*. Car ce propriétaire rend un service au fermier, en lui fournissant les moyens de produire des richesses nouvelles et de gagner sa vie ; il ne diffère du premier capitaliste qu'en ceci : c'est que son capital est constitué en terre au lieu d'être formé d'une somme d'argent, et que la rémunération qui lui est due se nomme *revenu foncier*, au lieu de se nommer *intérêt*.

Sous la dénomination de capital, on comprend aussi, vous le savez, beaucoup d'autres choses, parmi lesquelles je ne vous rappellerai que les outils et les machines, les unes coûtant généralement plus cher que les autres. N'est-il pas équitable que les capitaux, dépensés pour l'achat d'un outil ou pour l'installation d'une machine, soient reconstitués par le prélèvement d'une portion des produits qui n'existeraient pas sans leur concours? Les machines et les outils s'usent plus ou moins vite : comment leurs propriétaires pourraient-ils les remplacer, s'ils n'économisaient pas chaque année une somme proportionnelle à leur durée probable? le genre humain s'appauvrirait tous les jours au lieu de s'enrichir! C'est d'ailleurs de la plus stricte justice : supposons que le premier homme qui a eu l'idée de confectionner un filet pour prendre du poisson, ait permis à son voisin de se servir pendant un jour de l'outil fabriqué par lui, sous la condition que ce voisin, après avoir prélevé sur sa pêche les deux ou trois poissons qu'il pouvait attraper avec les mains, partagerait avec lui le surplus de ce qu'il prendrait grâce au filet. Il est certain que ce voisin se serait estimé fort heureux de payer d'une dizaine de poissons le loyer d'un instrument qui, en définitive, lui en aura procuré pour sa part douze ou treize au lieu des deux ou trois qui composaient d'ordinaire toute sa pêche; il est également certain qu'il n'aura pas crié à l'injustice.

Eh bien! mes amis, c'est ce qui se passe dans l'industrie tous les jours, avec cette différence que les machines ont multiplié la production dans une proportion bien plus large que ne le pouvait faire le filet de notre pêcheur, et que la part de bénéfice qui leur est attribuée, est beaucoup plus restreinte : je vous ai déjà fait comprendre, en effet, que la grande quantité des produits, due à l'emploi des machines, permettait aux producteurs de réaliser de forts bénéfices, tout en abaissant à un chiffre très minime le gain prélevé sur chacune des unités produites.

Mes amis, vers quelque branche du travail humain

que vous tourniez vos regards, beaux-arts, lettres ou sciences, agriculture, commerce ou industrie, vous trouverez une application constante des principes que je viens d'énoncer; vous verrez partout et toujours le capital prendre une part dans les bénéfices de la production.

Il nous suffira, pour nous rendre un compte exact de cette vérité, d'examiner ce qui a lieu dans l'industrie agricole.

Le capital reçoit une rémunération, non seulement sous la forme du loyer dû au propriétaire du sol, mais sous celle du remboursement des avances faites par le fermier. Lorsque celui-ci veut vendre ses récoltes de l'année, il fait, d'après la règle que vous connaissez, l'estimation des frais de leur production pour en déterminer le prix de vente, et il fait entrer dans ses calculs :

1° Le total des salaires qu'il a payés à ses ouvriers, car il a déjà rémunéré le travail avant d'avoir rien gagné;

2° Le loyer de sa ferme; les deux tiers au moins de ce loyer sont payés aussi avant les récoltes importantes;

3° Le prix des semences qu'il a achetées, ou qu'il a économisées d'une année sur l'autre;

4° Une portion du prix d'achat de ses outils, un dixième par exemple, s'il juge qu'ils doivent durer dix ans;

5° Les dépenses d'entretien de ces mêmes outils.

En résumé, le fermier a soldé toutes ces dépenses avec ses capitaux, c'est-à-dire avec le produit économisé des récoltes précédentes, et je le répète, le plus souvent, longtemps avant d'avoir obtenu aucun produit nouveau. Il est donc juste qu'il exige de ceux à qui il vendra sa récolte, le remboursement de toutes ces avances qu'il a faites en vue de la production. De cette façon, celui qui achète cette récolte se trouve avoir rémunéré indirectement le salaire et le capital. Est-ce tout ce qu'il doit payer? Non, mes amis, car, sans parler des impôts qui feront l'objet de l'un de nos entretiens, il reste encore un facteur de la production, qui a droit, lui aussi, à une rémunération, et qui la mérite autant que les deux autres ; c'est l'intelligence, et je vous dirai prochainement comment s'établit la rémunération qui lui est due.

XXXVII. — Les profits de l'intelligence.

On trouve encore, mes amis, parmi les ouvriers surtout, un trop grand nombre de personnes qui s'imaginent, quand on parle du travail, qu'on a seulement en vue le travail manuel, et qu'en dehors de ce travail, il n'en existe pas d'autre, méritant sérieusement ce nom. C'est une grave erreur, et pour vous démontrer qu'on peut être las à la fin du jour et épuisé à la fin de la vie, je n'aurais qu'à vous citer tous ceux qui consacrent leur existence à l'éducation des hommes, en commençant cette énumération par le modeste instituteur de village, par celui qui vous parle en ce moment, mes amis ; en la continuant par les professeurs des lycées et des collèges, puis par ceux qui dans l'Université de France et dans les grandes écoles de l'État, forment les juges et les avocats, les médecins et les pharmaciens, les ingénieurs et les architectes, les administrateurs du pays, les officiers de la flotte et de l'armée, etc., etc. ; en la terminant enfin par tous ceux qui rédigent des ouvrages scientifiques ou littéraires, destinés à répandre les connaissances depuis longtemps acquises ainsi que les résultats des nouvelles recherches.

Le travail de tous ceux-là est un travail intellectuel, et non un travail manuel; il n'en est pas moins un travail utile à la civilisation et au progrès; il doit donc être rémunéré : il l'est, pour la plupart d'entre eux, les professeurs par exemple, par des salaires à la journée, puisqu'ils reçoivent des traitements fixes.

Mais il est inutile de recommencer, même sous une forme nouvelle, des explications déjà comprises ; aussi n'est-ce pas de ceux-là que je veux vous entretenir, mais bien des auteurs de livres et des inventeurs, c'est-à-dire de ceux qui vulgarisent, au grand profit des générations présentes, souvent même en les étendant, les connaissances que nous ont léguées les générations passées, et de ceux à qui leur génie, aidé d'un labeur acharné, dévoile des connaissances nouvelles.

Il s'agit ici, mes amis, d'une véritable propriété qui a été longtemps méconnue et qui n'est pas encore acceptée par tous ceux qui admettent les principes de la propriété, tels que je vous les ai définis.

Choisissons nos exemples parmi les choses qui nous entourent, mes amis : prenons le livre dont vous vous servez tous les jours et la brouette qui passe dans le chemin.

Le livre est un produit, né, comme tous les produits, de l'union féconde du travail avec le capital et l'intelligence. Lequel de ces trois agents a eu la plus grosse part dans la confection du livre ? c'est évidemment l'intelligence, car on retrouve son action à toutes les phases par lesquelles il a passé.

C'est l'intelligence seule qui a présidé à sa préparation, et, si le travail des doigts a concouru à la rédaction du manuscrit, c'est, vous en conviendrez, d'une façon tout à fait accessoire ; le travail principal a été un travail intellectuel.

Quand le manuscrit a été remis à l'imprimerie, le capital est entré en mouvement, sous la forme d'avances de fonds pour l'achat du papier, de l'encre et des caractères, pour le paiement des salaires dus aux ouvriers, et enfin pour l'acquisition et l'entretien de la presse, c'est-à-dire de la machine où s'est le mieux manifestée l'intelligence humaine.

En même temps que le capital, le travail a commencé de fonctionner, sous un double aspect : l'impression du livre a donné lieu, en effet, non seulement au travail manuel des typographes, c'est à dire d'ouvriers munis d'une certaine instruction; et au travail, plus intellectuel que manuel, d'un correcteur, c'est à dire d'un ouvrier plus instruit encore que les autres; mais aussi à un nouveau travail de l'auteur, travail purement intellectuel, qui a consisté dans la revision du premier produit des travaux précédents, afin que toute incorrection fût évitée dans l'ouvrage; est-ce que là encore l'intelligence n'a pas eu un rôle prépondérant?

Il est donc juste que l'intelligence soit rémunérée plus que les deux autres facteurs; aussi la loi a-t-elle reconnu que l'œuvre contenue dans le livre imprimé constituait une propriété pour celui qui l'avait faite. Mais comme il a paru juste également que la vérité, qui appartient à tout le monde, ne fût pas éternellement soustraite au genre humain par la volonté, égoïste ou mal intentionnée, d'un auteur ou de ses héritiers, comme il n'existe pas un seul écrivain qui n'ait emprunté quelque chose à la société passée et présente, la loi actuellement en vigueur a décidé que cette propriété ne serait pas permanente comme l'est toute autre propriété, et elle en a limité la durée à la trentième année qui suit le décès de l'auteur; passé ce délai, l'œuvre appartient à la société tout entière, qui peut, selon sa valeur, la laisser tomber dans l'oubli comme étant inutile ou dangereuse, ou bien la répandre pour le bien de tous par des éditions incessamment renouvelées.

La législation est moins bienveillante encore pour les savants, car les découvertes scientifiques tombent immédiatement dans le domaine public, où chacun peut les prendre pour en faire les applications les plus lucratives.

Quant aux inventeurs de procédés nouveaux pour la fabrication des produits industriels, une loi de 1844 leur permet de prendre un brevet, dit *brevet d'invention*, dont la durée est de quinze années : après ce laps de temps, l'invention fait retour au domaine public et chacun peut librement produire d'après les procédés découverts par l'inventeur.

En sorte, mes amis, que Blaise Pascal, à qui la littérature et la morale doivent de si beaux ouvrages, et la science de si grandes découvertes, à qui le travail humain doit l'instrument dont je vous parlais tout à l'heure, la brouette ; Blaise Pascal qui vivait au XVIIe siècle, et qui a toujours été pauvre, alors que son intelligence livrait au genre humain des richesses dont il profite encore ; Blaise Pascal, dis-je, serait aujourd'hui mieux rémunéré qu'il ne l'a été ; car, pendant toute sa vie, il percevait une rétribution, non pas pour ses découvertes scientifiques, mais pour ses œuvres littéraires et morales, et pendant quinze années, il aurait pu exploiter à son seul profit l'invention de la brouette.

Il faut donc que l'on prélève sur les produits industriels, après la part faite au salaire, et avant même celle du capital, une somme plus ou moins forte en faveur de l'inventeur d'un instrument nouveau ou de l'auteur du perfectionnement d'un outil ancien, lorsque leur découverte a eu pour effet de multiplier ces produits et qu'elle est encore protégée par le brevet d'invention.

Mes amis, en traitant ces questions de propriété intellectuelle qui sont, comme vous le voyez, moins étrangères qu'on ne le croit d'abord aux résultats matériels que l'économie politique met en lumière, je n'ai pas entendu borner là mes explications sur les profits légitimement dus à l'intelligence. Il n'y a là en effet que des applications particulières de l'intelligence à la production des richesses; or, je vous ai déjà enseigné qu'elle se manifeste d'une façon moins spéciale dans toutes les branches de l'activité humaine.

Voyez le négociant dont le travail intellectuel est pour ainsi dire incessant, car il s'exerce souvent à toute heure de jour et de nuit: s'il doit, par exemple, pourvoir rapidement à des besoins inattendus, car alors il faudra qu'il corresponde avec les producteurs disséminés dans toutes les parties du monde, avec des courtiers qui voyagent dans toutes les directions, avec des entrepreneurs de transport par terre et par mer! ou bien s'il songe que le naufrage d'un navire rempli de marchandises achetées par lui, ou la faillite d'un banquier chargé du recouvrement de ses créances, peut à chaque instant lui infliger des pertes énormes, et même le ruiner tout à fait!

Ce que je viens de dire du commerçant, vous pouvez le dire aussi, mes amis, de l'agriculteur et de l'industriel; la somme des soucis qui les accablent est souvent la même, il n'y a que la nature de ces soucis qui change.

Pendant que les ouvriers et commis se bornent à exécuter de leur mieux la besogne qui leur est confiée, sans avoir besoin de s'inquiéter d'autre chose que de livrer à leur patron, moyennant le salaire convenu, les forces dont ils disposent, celui-ci est appelé seul à régler l'emploi de ces forces ; son intelligence doit être toujours éveillée, car son succès ou sa ruine dépend surtout de l'usage qu'il en fait, et il encourt des responsabilités inconnues aux autres travailleurs.

Il est donc de toute justice qu'une part importante des bénéfices soit attribuée à celui qui dirige la production, et si des ouvriers, mal conseillés, prétendaient assimiler, au point de vue de la rémunération, leur travail à celui du chef de l'usine ou de l'atelier qui les occupe, ils commettraient une véritable faute, préjudiciable à leurs intérêts, et tout à fait analogue à celle que les membres commettent envers l'estomac, dans la fable que j'ai déjà citée à propos de la rémunération due au capital. Si l'on peut comparer les services du capital à ceux de l'estomac, on peut comparer les services que rend l'intelligence à ceux que rend la tête, car elles dirigent, l'une les mouvements de la production et l'autre les mouvements du corps humain.

En résumé, on peut affirmer, sans craindre de dépasser les limites de la vérité, que le travail a besoin de l'intelligence, plus encore peut-être qu'elle n'a besoin de lui ; or, il est toujours dangereux de méconnaître les services de ceux dont on a besoin.

XXXVIII. — L'association.

Mes amis, dans l'une de mes dernières leçons, j'ai supposé un cordonnier qui n'avait pas d'argent pour acheter du cuir, et un capitaliste qui lui en fournissait. Dans la langue du droit, le contrat intervenu entre ces deux hommes s'appelle un *prêt*, car celui qui a reçu l'argent (*l'emprunteur*) s'est engagé à le restituer à celui qui l'a fourni (*le prêteur*), et à lui en payer l'intérêt. Mais l'économie politique pourrait donner à ce contrat un autre nom, et soutenir que c'est une *association* qui s'est formée entre le travail et l'intelligence, d'une part, et le capital, de l'autre, en vue de la production d'une certaine quantité de chaussures. D'ailleurs, quand on décompose, comme nous l'avons fait jusqu'ici, le phénomène de la production, on reconnaît sans peine que toute richesse nouvelle est due à une semblable association, soit que les trois facteurs de la production se trouvent réunis, comme dans la petite industrie où le maître de l'atelier est à la fois son propre capitaliste et son propre ouvrier, soit qu'ils appartiennent à différentes personnes, comme dans les grandes entreprises, où le capital lui-même est divisé entre des milliers de propriétaires. Je veux vous entretenir aujourd'hui, mes amis, des associations proprement dites, de celles qui peuvent se former pour donner plus d'activité à une production, ou pour améliorer la condition des gens de travail.

L'association est utile quand on ne peut faire seul une besogne déterminée, soit parce qu'on manque de l'une des qualités ou de l'un des éléments qu'elle exige, soit parce qu'elle est trop importante pour être menée à bien par les efforts et avec les ressources d'un seul individu.

Mais, lorsqu'une besogne peut être faite par un seul individu, et que le concours de deux ou plusieurs personnes n'a point pour effet d'augmenter la production, l'association est inutile et même nuisible, car elle oblige chacun des associés à se contenter d'une part proportionnelle de la rémunération qui est attribuée à la besogne accomplie en commun, quand il aurait pu la recevoir tout entière, s'il avait fait seul cette besogne.

Il y a deux manières de s'associer en vue d'une production. Le possesseur du capital peut convenir qu'il courra tous les risques de l'entreprise et qu'il en partagera les pertes comme les bénéfices ; il lui est permis dans ce cas de s'occuper de la gestion de l'affaire ; ou bien, il peut se borner à verser une somme d'argent à ceux qui dirigent l'entreprise, en s'abstenant d'y prendre part lui-même : dans ce cas, il recevra, pour l'intérêt de son capital, une part dans les bénéfices proportionnelle à l'importance de son apport, et en cas d'insuccès de l'affaire, il ne pourra perdre au delà de cet apport.

La première de ces associations est appelée *société en nom collectif*, la seconde porte deux noms différents, selon qu'elle présente ou non certaines particularités : *société en commandite* ou *société anonyme*.

Quelques brèves indications sur ces diverses sociétés commerciales ne vous seront pas inutiles.

La *société en nom collectif* est celle que contractent deux personnes ou un plus grand nombre, et qui a pour objet un commerce ou une industrie, entrepris sous une raison sociale.

On appelle *raison sociale* le nom sous lequel la société est connue et contracte ses engagements. Les noms des associés peuvent seuls faire partie de la raison sociale, qui peut d'ailleurs n'être composée que d'un seul nom suivi des mots : *et compagnie*. Exemples : *Durand et Picard*, ou simplement : *Durand et Cie*. Les associés en nom collectif, indiqués dans l'acte de société, sont solidaires, c'est-à-dire responsables, les uns pour les autres, de tous les engagements de la société, même quand un seul des associés aurait signé, pourvu que ce soit sous la raison sociale.

La *société en commandite* se contracte entre un ou

plusieurs associés responsables et solidaires, et un ou plusieurs associés simples bailleurs de fonds, que l'on nomme *commanditaires.* Elle est régie sous un nom social, qui doit être nécessairement celui d'un ou plusieurs des associés responsables et solidaires.

Exemple: *Durand et Cie*, étant supposé que l'associé commanditaire Picard n'a fait que verser une somme d'argent à Durand, qui représente la raison sociale, et qui est tenu, sans limites, de toutes les pertes de la société, tandis que Picard ne peut perdre que ce qu'il a engagé dans l'affaire.

Lorsqu'il y a plusieurs associés solidaires et en nom, soit que tous gèrent ensemble, soit qu'un ou plusieurs gèrent pour tous, la société est à la fois société en nom collectif à leur égard, et société en commandite à l'égard des simples bailleurs de fonds.

Le nom d'un associé commanditaire ne peut faire partie de la raison sociale. Cet associé ne peut faire aucun acte de gestion, ni être employé pour les affaires de la société ; s'il contrevient à cette défense, il perd le droit qu'il avait de limiter ses pertes au chiffre de son apport.

La *société anonyme* n'existe point sous un nom social : elle n'est désignée par le nom d'aucun des associés. Elle est qualifiée par la désignation de l'objet de son entreprise ; exemples : *Compagnie des chemins de fer de l'Ouest, Société des paquebots transatlantiques,* etc.

Les associés, dont le nombre ne peut être inférieur à sept, ne sont passibles que de la perte du montant de leur intérêt dans la société. Elle est administrée par un ou plusieurs mandataires à temps, révocables, salariés ou gratuits, choisis parmi les associés.

De grandes précautions sont prises par la loi contre les

administrateurs des sociétés anonymes, et cela s'explique par l'importance qu'ont acquise ces sortes de sociétés dans la seconde partie de ce siècle, importance telle qu'on peut dire qu'elles représentent la moitié de la fortune des Français.

Le capital de la société anonyme se divise en *actions*, d'une valeur égale, et ceux qui les possèdent s'appellent des *actionnaires;* leur nombre peut être inférieur à celui des actions, car chacun d'eux peut en posséder plusieurs.

Les bénéfices nets de l'affaire sont divisés également entre toutes les actions, et on appelle pour cette raison *dividende* la somme qui est, de ce chef, attribuée tous les ans aux actionnaires. S'il n'y a pas de bénéfices, ceux-ci ne reçoivent rien; mais, quand l'affaire a réussi, ils peuvent toucher des sommes bien supérieures à celles que présente l'intérêt légal d'une somme prêtée.

Les sociétés anonymes ont souvent recours à l'emprunt pour se procurer des ressources plus abondantes; dans ce cas, elles créent des *obligations*, autrement dit des *reconnaissances de dette :* le possesseur d'une ou plusieurs obligations devient le créancier des actionnaires, qui sont tenus de lui payer la somme convenue pour l'intérêt des capitaux par lui prêtés, avant tout partage des bénéfices il ne participe jamais à ces bénéfices, mais aussi il ne risque pas de toucher moins une fois que l'autre. L'obligataire n'est donc pas un associé dans le sens étroit du mot, mais, ainsi que je vous le disais au début de cette leçon, mes amis, c'est au fond un capitaliste qui, pour retirer de son argent un intérêt régulier et certain, s'associe en fait à une entreprise industrielle ou commerciale, plus ou moins productive.

De même que l'on s'associe par le moyen du capital, on

peut s'associer par le travail; au lieu de réclamer un salaire fixe et certain aux entrepreneurs d'une œuvre quelconque, deux ou plusieurs ouvriers peuvent courir eux-mêmes les risques d'une part de l'entreprise et s'en charger à forfait; dans ce cas, ils peuvent gagner plus que ne leur donnerait le salaire, comme ils peuvent gagner beaucoup moins; mais il faut qu'ils puissent attendre la fin de l'œuvre dont ils se sont chargés, et c'est, comme je vous l'ai déjà dit, ce que les ouvriers ne peuvent souvent pas faire.

Cependant on trouve quelques exemples d'une espèce d'association, qu'on appelle *société coopérative* (d'un mot latin qui veut dire *travailler ensemble*), et qui peut-être aidera les travailleurs à atteindre le but qu'ils poursuivent légitimement : l'amélioration de leur sort.

Je dis *peut-être*, parce que les sociétés coopératives n'ont pas été suffisamment éprouvées, et que, pour une qui a réussi, on en compte beaucoup qui ont péri, en laissant leurs adhérents dans une position pire qu'auparavant.

Ces sociétés présentent trois types différents: on trouve d'abord *la société de production*, qui a pour objet la fabrication d'un produit quelconque par des ouvriers réunis, maçons, tailleurs, cordonniers, etc.; ces ouvriers prélèvent, au jour le jour, le salaire dont ils ont besoin pour vivre; ils mettent ensuite une certaine somme dans la caisse commune, afin de constituer un capital, et enfin ils partagent le reste des bénéfices, s'il y en a; malheureusement, il n'y en a pas toujours, et il faut reconnaître, qu'à leur début, les sociétés coopératives, pourvues d'un capital encore infime, sont moins en état que des patrons de supporter, en attendant des temps meilleurs, les crises commerciales qui peuvent se présenter. Ajoutez qu'il faut, pour réussir dans ces sortes de sociétés, un esprit de discipline et d'abnégation très difficiles à rencontrer dans une réunion d'hommes, tous égaux et croyant avoir des droits égaux à la direction de l'affaire.

Ce sont là les deux principaux écueils que rencontrent les sociétés coopératives de production, aussi bien que les deux autres espèces d'association de ce genre, qui sont :

1° *Les sociétés de crédit*, destinées à fournir aux ouvriers les capitaux dont ils ont besoin pour produire, moyennant un taux d'intérêt très faible et à des conditions très douces ;

2° *Les sociétés de consommation*, qui ont pour but d'acheter des objets utiles pour les vendre aux associés et même à d'autres personnes, en restituant en bloc aux acheteurs, une part, proportionnelle à leurs achats, des bénéfices réalisés dans l'année.

En attendant que la coopération ait produit des résultats plus certains, les travailleurs ont à leur disposition d'autres moyens d'améliorer leur sort, et il existe une sorte d'association, qui a fait ses preuves depuis longtemps, et qui est de nature à ne pas leur faire trop regretter les sociétés coopératives, au cas d'un insuccès définitif de ces dernières. C'est *la société de secours mutuels*, qui assure à l'ouvrier et à sa famille, moyennant le versement mensuel d'une petite somme d'argent (le plus souvent 1 fr. 50 c.), un salaire modique pendant les jours de maladie, les soins gratuits d'un médecin, des remèdes également gratuits, et, en cas de décès, les frais d'inhumation.

La société de secours mutuels est à la fois une œuvre de bienfaisance pour autrui et d'intérêt bien entendu pour soi-même, car chacun est appelé à profiter à son tour de la petite somme qu'il a versée dans la caisse commune ; si ce n'est pas dès la première année, ce sera peut-être dans la deuxième, ou même dans la dixième ; ce jour-là le sociétaire recevra en une seule fois plus, peut être, qu'il n'aura donné !

On peut en dire autant des *assurances contre les accidents*, qui, en échange d'un faible versement annuel, procurent à l'ouvrier blessé un salaire pour tous les jours qu'il passe loin de l'atelier, et dans le cas où il ne pourrait plus jamais travailler, lui constituent une pension de 300 francs par an ; des *assurances contre l'incendie* qui, au prix de quelques francs payés tous les ans par un chef de famille, lui fournissent les sommes nécessaires au remplacement de son mobilier détruit par un incendie ; et enfin des *assurances sur la vie*, ou *en cas de mort*, qui ont pour but de rendre, dans le premier cas, à la personne assurée si elle survit à la date fixée, dans le second cas à ses héritiers, une somme très considérable eu égard au versement annuel effectué par l'assuré.

Comment cela peut-il donc se faire, demanderez-vous peut-être ? Le voici en deux mots : le principe de l'assurance est le même que celui des sociétés de secours mutuels. Ceux qui ne sont pas blessés ou incendiés sont plus nombreux que ceux qui le sont, et le produit de leurs versements, accru par les intérêts devient plus que suffisant pour payer les sommes dues à ces derniers. De même, pour les assurances sur la vie, l'argent versé par ceux qui sont morts avant la date fixée, profite à ceux qui vivent encore après cette date ; de même aussi pour les assurances en cas de mort : ceux qui vivent très vieux versent tous les ans la même somme, afin de ne pas perdre le bénéfice de leurs paiements antérieurs, et c'est cet argent qui vient, sous la forme d'un capital souvent important, subvenir aux besoins de la famille privée de son chef. N'est-ce pas admirable ? et tout le monde ne devrait-il pas être assuré ?

Je me borne à vous citer ces quelques exemples, mes amis, pour vous montrer la puissance de l'association, quand elle est basée sur des principes sérieux, et aussi pour affermir dans votre esprit une conviction que j'ai déjà essayé d'y faire pénétrer, quand je vous ai parlé des miracles accomplis par l'épargne, savoir: que l'ouvrier laborieux et sobre a, pour se garantir contre toutes les mauvaises chances, deux moyens efficaces, qui sont la prévoyance et l'économie; la première l'invite à entrer dans une société de secours mutuels et à verser quelque argent dans la caisse des retraites pour la vieillesse ou dans une compagnie d'assurances; la seconde le conduit à la caisse d'épargne, et de là, souvent à l'aisance. Quand il y joint l'instruction, il peut encore espérer mieux.

XXXIX. — L'impôt

Mes amis, les trois facteurs de la production ne sont pas seuls à prélever une part des produits pour la rémunération de leurs services. Il existe un quatrième personnage qui, lui aussi, a droit à un paiement à cause des grands services qu'il rend: ce personnage, c'est l'autorité qui préside au gouvernement de l'État, du département ou de la commune.

La part attribuée à l'autorité publique se nomme *l'impôt*. Nous verrons tout à l'heure que l'impôt affecte des formes diverses; mais il importe d'abord d'établir sa nécessité, et pour cela, mes amis, il nous suffira d'examiner rapidement en quoi consistent les services rendus par l'autorité publique.

Le premier besoin d'une société civilisée, c'est l'ordre et la sécurité. Il faut que chacun puisse se livrer en paix au travail qui le fait vivre et jouisse tranquillement des fruits de ce travail, sans avoir à redouter de voir à chaque instant ses biens dérobés ou son existence menacée par des malfaiteurs. Si ces garanties d'ordre et de sécurité n'existaient pas, il n'y aurait plus d'agriculture, de commerce ou d'industrie, parce qu'il est évident que personne ne voudrait travailler pour rien.

Il faut de plus, s'il se produit, malgré les précautions prises, quelque attaque contre la personne ou les biens d'un individu, que celui qui s'en sera rendu coupable soit mis hors d'état de nuire, qu'il soit arrêté, jugé et puni, avec les formes et dans les limites qui permettent d'éviter l'erreur et l'injustice. Ce sont principalement les gendarmes, les agents de police et les magistrats qui sont chargés de maintenir la sécurité dans le pays.

Il faut qu'un peuple puisse se défendre contre les agressions des peuples voisins et repousser par la force leurs invasions ; c'est pourquoi l'État entretient d'une façon permanente une nombreuse armée de terre et de mer.

Il faut encore que les voies de communication de tous genres, chemins de fer ou canaux, routes, ou chemins, si nécessaires à la circulation des richesses, soient entretenues, réparées, et même créées quand elles n'existent pas encore; et c'est à quoi servent les administrateurs, les ingénieurs et agents-voyers, les cantonniers et ouvriers qui sont employés à ces travaux.

Il faut aussi que les enfants et même les adultes des deux sexes reçoivent l'instruction qu'exige la profession à laquelle ils se destinent; et c'est dans ce but que l'on paye des professeurs et des instituteurs.

Il faut enfin que les dettes contractées dans l'intérêt de tous soient remboursées, et qu'en attendant ce remboursement, ceux qui ont prêté leurs capitaux en touchent régulièrement les intérêts.

L'énumération serait trop longue, mes amis, si j'entreprenais de définir tous les besoins auxquels l'autorité publique est tenue de donner satisfaction. Je viens de vous indiquer les principaux ; aussi me bornerai-je à vous signaler deux points qu'il faut retenir : le premier, c'est que les dépenses qu'ils nécessitent sont, tantôt à la charge de l'État, tantôt à celle du département, tantôt enfin à celle de la commune ; le second, c'est que l'autorité, mise aux mains des fonctionnaires de tout ordre, leur est confiée dans l'intérêt de tout le monde, et qu'il est par conséquent très juste que chacun contribue, dans la mesure de ses facultés, aux frais d'entretien de ces fonctionnaires et d'exécution des travaux par eux ordonnés.

L'impôt est donc la contribution de chacun dans les dépenses qui ont pour but l'intérêt général, et, comme l'État, le département ou la commune ont besoin de beaucoup d'argent pour payer toutes les dépenses qui rentrent dans cette catégorie, il en résulte que chacun est tenu de verser, entre les mains des agents chargés de la perception, des sommes plus ou moins fortes, mais personne ne doit jamais se refuser à les payer, ni même apporter de la mauvaise grâce à ce paiement, parce que, en vertu de la loi, la contribution de chacun est déterminée de la façon la plus équitable, que ceux qui se trouvent dans une situation absolument identique payent la même somme, et que, d'ailleurs, chacun a, dans la mesure de ses droits de citoyen, les moyens de faire modifier l'usage qui est fait de son argent, au cas où cet argent lui paraîtrait détourné de son indispensable destination.

L'impôt n'est aussi équitablement réparti que depuis la Révolution de 1789. Avant cette époque mémorable, les contributions étaient basées sur l'arbitraire et le caprice des gouvernants ; de plus, elles ne pesaient pas sur tout le monde, et ceux qui en étaient exemptés en vertu de leurs privilèges étaient précisément ceux qui pouvaient le plus aisément les payer.

Aujourd'hui l'impôt est fixé par les délégués que les citoyens eux-mêmes ont élus pour les représenter dans l'administration de l'État, dans celle du département ou dans celle de la commune.

On a varié les impôts, afin que chacun puisse contribuer aux dépenses communes selon ses moyens.

Ils se divisent d'abord en deux grandes classes, *les impôts directs* et *les impôts indirects*.

Les premiers sont ceux qui sont demandés directement par l'autorité aux habitants du territoire, et que ceux-ci payent directement en monnaie ou en billets de la Banque de France, entre les mains des percepteurs. Ils comprennent : *l'impôt foncier*, que doivent les propriétaires de biens immobiliers, terres ou maisons, selon la valeur de ces biens ; *l'impôt mobilier* qui est proportionnel au loyer de l'appartement ou de la maison que l'on occupe, et qui est par conséquent proportionnel au revenu présumé de chacun, puisqu'il est probable que chacun est logé plus ou moins largement selon ses ressources ; *l'impôt des portes et fenêtres*, qui se paye à raison de tant par porte ou par fenêtre ; c'est une variété de l'impôt foncier ou de l'impôt mobilier, selon que les conditions de location l'ont mis à la charge du propriétaire ou du locataire ; il est plus élevé pour les maisons sises à la ville que pour les maisons situées à la campagne ; *l'impôt personnel*, qui est à la fois très faible et le même pour tous ; enfin *l'impôt des patentes*, qui est réclamé aux industriels et aux commerçants, et qui varie, non seulement avec la nature de l'industrie et du commerce, mais aussi avec l'importance de la commune où s'exerce ce commerce ou cette industrie.

On peut rattacher aux contributions directes *les prestations en nature*, qui ont pour objet immédiat la construction et l'entretien des chemins vicinaux ; voici comment se paye cet impôt : chaque citoyen doit pour lui-même et pour chacun de ses chevaux, bêtes de somme et voitures, s'il en possède, un certain nombre de journées de travail ; il peut à son gré acquitter cet impôt, en fournissant les journées de travail qui lui sont demandées, ou bien en payant l'équivalent de ces journées de travail en argent, suivant un tarif établi par la loi. Les prestations en nature sont un souvenir éloigné de l'ancienne corvée, mais elles en diffèrent par un point essentiel : c'est qu'elles ne sont établies qu'en faveur des chemins publics, par conséquent dans un intérêt général, tandis que la corvée s'exerçait le plus souvent dans l'intérêt privé des seigneurs féodaux.

La plus grosse part des impôts directs, dont on peut dire que, dans leur ensemble, ils atteignent les principales sources du revenu de chacun, est attribuée à l'Etat ; le reste est partagé, suivant certaines règles, entre le département et la commune, mais ils sont loin de suffire aux charges publiques, et c'est à la seconde classe d'impôts, ou impôts indirects, que l'État, et quelquefois les communes, demandent le surplus des ressources qui leur sont nécessaires pour subvenir aux dépenses publiques ; nous verrons bientôt en quoi consistent ces impôts.

XL. — L'Impôt (suite).

Vous avez vu, mes amis, ce que sont les impôts directs ; occupons-nous maintenant des impôts indirects.

Ce sont ceux que les contribuables payent indirectement ; leur paiement a lieu en effet de la manière suivante : le marchand ou le producteur en fait l'avance en bloc, et il s'en fait restituer le montant en détail par ceux qui achètent ses produits ; s'il a déboursé, par exemple, 10 francs de droits pour 100 kilogrammes ou 100 litres d'une marchandise qui lui coûte déjà près de 10 francs, le marchand calculera que cette marchandise lui revient presque à 20 francs, et il la vendra, pour avoir le même bénéfice, à raison de 0 fr. 20 c. par kilogramme ou par litre, aux consommateurs, qui, en définitive, auront seuls payé l'impôt mis sur cette marchandise : c'est pour cette raison qu'on donne souvent à certains impôts indirects le nom d'*impôts de consommation*. Tels sont les droits d'entrée et de circulation sur les boissons, les droits sur les sucres, les huiles, le sel, les tabacs, et autres objets destinés à être consommés.

Quelques-uns de ces objets peuvent être frappés d'une double imposition, la première au profit de l'État et la seconde au profit des villes qui ont établi des *droits d'octroi* pour augmenter leurs recettes ; je dis des *villes* et non pas des communes en général, parce que les villages n'ont qu'exceptionnellement un octroi ; ils ne sont pas en effet obligés à certaines dépenses, très lourdes, qui ne deviennent nécessaires que dans les grandes agglomérations.

En principe, les impôts indirects semblent être justemen répartis, puisque chacun les paye dans la mesure exacte de ses consommations ; mais, dans la réalité, il faut reconnaître qu'ils arrêtent souvent l'essor de la production et qu'ils pèsent plus lourdement sur les pauvres que sur les riches, exemple : le droit sur les vins qui est forcément le même sur le vin à 0 fr. 50 c. le litre que sur le vin à 10 francs la bouteille. Aussi, au fur et à mesure qu'ils le peuvent, les législateurs s'empressent-ils de faire disparaître une partie de ces impôts, surtout lorsqu'ils ont dû les aggraver, comme on a été obligé de le faire, après la funeste guerre de 1870, pour payer la rançon de la France!

On a quelquefois dit des impôts indirects qu'on peut éviter de les payer, en s'abstenant de consommer les objets sur lesquels ils portent. Cela n'est vrai que de quelques-uns d'entre eux, par exemple les alcools, le tabac, etc. ; mais cela est faux de tous les autres, parce qu'on ne peut s'abstenir de manger, de boire, de se loger, ou de se vêtir.

On a dit aussi que leur perception est facile parce qu'on les paye sans s'en apercevoir. Cela est vrai, si l'on considère isolément l'achat de chaque objet de consommation dont le prix a été modifié par l'impôt ; mais il est certain que, sur l'ensemble, on s'aperçoit très bien qu'on les a payés, et la charge est quelquefois lourde, car presque toujours la somme des contributions indirectes acquittées chaque année par un ménage dépasse de beaucoup le total des contributions directes mises à sa charge.

Il ne faut pas conclure de ces observations que les impôts indirects méritent moins que les contributions directes l'obéissance des citoyens : c'est une nécessité qui les a fait établir ; mais il est permis de souhaiter et même d'espérer que le développement croissant de la production, et par suite de la richesse publique, permettra de les alléger, ou de les remplacer par d'autres impôts auxquels l'économie politique n'aura pas les mêmes reproches à adresser.

Je dois vous signaler, mes amis, une autre classe d'impôts indirects qui repose sur une meilleure base que la précédente. Ce sont ceux qui ont pour but spécial de rémunérer l'État pour les services qu'il rend aux citoyens, en protégeant leurs intérêts privés ; c'est ainsi qu'il retient une petite part des intérêts payés aux porteurs d'actions ou d'obligations émises avec sa permission et quelquefois sous sa garantie par des entreprises industrielles ou commerciales, telles que la Banque de France et les compagnies de chemins de fer; c'est ainsi qu'il vend du papier timbré destiné à la rédaction des conventions faites entre les particuliers et à l'instruction des procès qui peuvent en naître, et qu'il enregistre à prix d'argent ces mêmes conventions, leur donnant ainsi une date certaine qui rend impossibles toute fraude et toute contestation; c'est ainsi enfin qu'il frappe d'un droit plus ou moins fort, appelé *droit de mutation*, les valeurs de toutes sortes, dont il assure la paisible transmission par succession, donation, vente ou échange.

Au nombre des contributions indirectes, nous devons ranger aussi *les droits de douane*, il faut que je vous entretienne un instant de ces droits qui soulèvent l'une des questions les plus importantes de l'économie politique.

Ce sont des droits qui frappent les objets produits par les peuples étrangers et importés chez un autre peuple pour être consommés par lui. En France, ces droits sont perçus par les agents d'une administration spéciale appelée la *Douane*.

Leur but principal est de procurer à l'État des ressources supplémentaires; mais ils ont quelquefois un autre but, celui de protéger l'industrie du pays contre les industries similaires existant à l'étranger.

Prenons un exemple pour vous rendre ceci très clair.

Je suppose que les fabricants d'un tissu de coton, établis en France, ne produisent ce tissu que moyennant un prix de revient supérieur à celui qui est payé par les fabricants établis en Angleterre ou en Suisse ; cette différence dans le prix de revient se traduira par une différence semblable dans le prix de vente, et le résultat ne se fera pas longtemps attendre : les consommateurs qui, à bon droit, ne s'inquiètent guère que de deux choses, la qualité du produit et son bon marché, préféreront le tissu qui coûte le moins à celui qui coûte le plus, la cotonnade anglaise ou suisse à la cotonnade française; dès lors, le fabricant français verra ses marchandises, délaissées par les acheteurs, s'amonceler dans ses magasins, à moins qu'il ne consente à les vendre moins cher qu'elles ne lui ont coûté, c'est-à-dire à se ruiner.

Que peut-on faire pour parer à ces dangers ? Ceux qui font les lois peuvent décider que les tissus anglais et suisses seront frappés, à leur entrée en France, d'un impôt spécial qui augmentera leur prix de revient et les mettra sur un pied d'égalité, si ce n'est même d'infériorité, avec les tissus fabriqués en France. On appelle les impôts ainsi calculés *droits protecteurs*, parce qu'ils ont pour but de protéger la production du pays qui les établit contre l'invasion des productions étrangères.

Mais qui est-ce qui paye ces droits protecteurs, en définitive ? C'est le consommateur, mes amis ; or, le consommateur, c'est tout le monde ; tout le monde se trouve donc avoir payé un impôt, non pas à l'État qui représente l'intérêt commun, mais à quelques hommes seulement ! On peut se demander si c'est bien juste. Ajoutez que les diverses nations, qui voient quelques-uns de leurs produits frappés de semblables droits à leur entrée dans un pays, uniquement parce qu'ils coûtent moins chers que ceux de ce pays, s'empressent à leur tour de frapper de droits analogues les produits du même pays, qui sont à meilleur marché que les leurs ; en sorte que les entraves de ce genre, réciproquement apportées à la circulation des richesses, ont, en fin de compte, pour principal effet de faire hausser les prix des objets utiles, au détriment des consommateurs de toutes les contrées !

Le système opposé au système de la protection est communément désigné sous le nom de *libre échange*. Il est basé sur deux principes, rigoureusement justes : le premier, c'est qu'il faut *laisser passer* librement tout ce qui est utile, et *laisser faire* librement tout ce qui n'est pas contraire aux lois, parce que la liberté du travail et la liberté de l'échange ont une influence immense sur le bon marché des objets de consommation ; le second principe, c'est que *l'on ne doit l'impôt qu'à l'État*.

Cela ne veut pas dire, mes amis, qu'il ne faille jamais percevoir un seul droit de douane, à l'entrée des produits étrangers : loin de là ! il est même nécessaire qu'un pays fasse peser sur les produits venant du dehors, un impôt équivalent à celui qu'on a payé pour obtenir les mêmes produits au dedans ; le droit ainsi calculé est très juste, et de plus il a le caractère d'un impôt perçu au profit de l'intérêt commun. Il n'en est pas de même des aggravations qui seraient apportées à cet impôt dans le but de protéger l'insuffisance des producteurs du pays ; c'est à ceux-ci qu'il appartient de chercher les moyens de produire au même prix que leurs rivaux étrangers, et soyez persuadés, mes amis, que sous la pression, souvent salutaire, de la nécessité, ces moyens seront trouvés. D'ailleurs, comme il ne faut ruiner personne de parti pris, et ceci dans l'intérêt bien entendu de la société tout entière, il n'est pas impossible d'accorder une protection *tout à fait transitoire* aux producteurs qui en auraient un réel besoin pour transformer leur outillage et modifier leurs procédés de fabrication ; mais, à l'expiration du délai imparti, l'intérêt des consommateurs, c'est-à-dire l'intérêt de tout le monde, exige que l'on ne s'écarte plus de l'application rigoureuse des vrais principes que je viens de vous faire connaître.

Dans la pratique, les questions de douane sont réglées entre les peuples civilisés par des conventions spéciales, appelées *traités de commerce*, où chacun des gouvernements qui les signent poursuit nécessairement ce double but : faciliter le développement de son industrie nationale, et procurer la vie à bon marché aux citoyens de sa nation. D'où un résultat très heureux : des concessions réciproques sont toujours obtenues, au grand profit des consommateurs des deux pays, et la paix s'affermit entre eux par l'extension croissante des échanges.

Nous touchons, mes amis, au terme de notre excursion dans le domaine de l'économie politique, mais avant de franchir la dernière étape, je voudrais que nous fissions ce que nous avons déjà fait une fois, vers le milieu de notre route ; et de même que nous avons jeté un coup d'œil d'ensemble sur les principaux phénomènes de la production des richesses, je voudrais que nous fissions la revue rapide de tout ce qui touche à leur circulation et à leur distribution.

Je vous ai montré que les produits sont mis à la portée de ceux qui doivent les consommer, par le moyen de l'échange ; que l'échange ne consiste plus, comme au début des sociétés humaines, dans le troc direct d'un produit contre un autre produit, mais bien dans les opérations multiples du commerce, doté de tout ce qui peut rendre ses services plus rapides et plus fructueux : la monnaie et le billet de banque, le crédit, les traités de commerce avec les nations étrangères, et les voies de communication de tous genres.

Je vous ai dit également l'action que l'offre et la demande, d'une part, la concurrence et le monopole, de l'autre, exercent sur le prix des choses, sans toutefois réussir à l'éloigner beaucoup ou longtemps d'un point fixe qui est le prix normal et qui se détermine par les frais de production.

Passant alors à la distribution des profits que donne toute production, je vous ai prouvé qu'il est juste d'attribuer une première part de ces profits à l'intelligence qui a préparé la production, une seconde part au capital sans le concours duquel elle n'aurait pas été obtenue, une troisième part au travail qui l'a fait naître, une quatrième part enfin à l'État, qui a protégé le travail, le capital et l'intelligence dans leur féconde collaboration.

Je me suis étendu sur le sujet spécial de la rémunération du travail ; j'ai essayé de vous faire comprendre comment il se fait que le salaire tende nécessairement à se rapprocher des frais d'entretien d'un ménage ouvrier, de même que le prix des choses tend toujours à se confondre avec leur prix de revient, et je vous ai expliqué comment, à défaut des coalitions qui ont rarement d'heureuses suites, les travailleurs peuvent améliorer leur situation au moyen des diverses espèces d'associations, et par elles, préserver de toute atteinte, en cas de maladie ou d'accident, les épargnes qui doivent, en les conduisant à la propriété mettre leur vieillesse à l'abri du besoin.

Si ces notions élémentaires sont encore présentes à votre esprit, mes amis, il vous sera facile de vous rendre un compte exact d'un fait que je résume en quelques mots.

Les consommateurs (c'est-à-dire tout le monde, car les producteurs d'un objet sont les consommateurs de dix mille autres), les consommateurs, dis-je, désirent payer le moins cher possible les objets qu'ils achètent ; dans ce but, ils recherchent quel a été le prix de revient de ces objets, et après avoir fait entrer dans le calcul de ce prix, la rémunération nécessaire du capital et le profit dû à l'intelligence, en les réduisant à leur minimum, ils y ajoutent le salaire, en le basant sur les dépenses normales de l'ouvrier.

Le reste des bénéfices de la production, soit l'objet même qui a été produit, forme la part réservée aux consommateurs, qui en retirent tout l'avantage qu'il est susceptible de donner.

Je viens de parler du calcul auquel se livrent les acheteurs ; assurément tous ne sont pas en état, ni même en humeur, de faire ce calcul, mais, et c'est là qu'apparaît dans toute sa force la solidarité qui existe entre tous les hommes, il suffit que quelques-uns le fassent pour que tous en profitent ; et d'ailleurs, mes amis, ceux qui le font les premiers sont les producteurs eux-mêmes, intéressés à attirer les consommateurs par le bon marché du produit et stimulés par l'aiguillon de la concurrence.

XLI. — La consommation des richesses.

Mes amis, dans les différentes leçons qui ont précédé celle-ci, je me suis beaucoup servi des mots *consommer* et *consommation*, et, bien que je ne les aie pas définies, j'ai eu plus d'une fois l'occasion de vous en faire comprendre le sens. Il serait donc tout à fait intempestif de prétendre vous en donner aujourd'hui la définition. Cependant, comme la consommation des richesses constitue le troisième ordre de faits que l'économie politique offre à notre examen, et qu'elle soulève des questions intéressantes, il ne sera pas superflu de vous exposer d'abord les principes mêmes sur lesquels elle repose ; mes explications précédentes me permettront, d'ailleurs, d'être très bref sur ce sujet.

Je vous ai dit au début de ces petites conférences que consommer une chose, c'est l'utiliser. Comment utilise-t-on le pain ? en le mangeant; le vin ? en le buvant ; une blouse ? en la portant; une maison ? en l'habitant; un livre ? en le lisant, etc. Donc, manger du pain, boire du vin, porter une blouse, habiter une maison, lire un livre, c'est consommer le produit qui reçoit l'un de ces divers noms.

Les produits peuvent être consommés de deux manières : utilement ou stérilement. On distingue donc *les consommations reproductives* et *les consommations improductives*.

La couturière qui consomme quelques mètres d'étoffe, du fil et des aiguilles, se livre à une consommation reproductive, puisque de ces produits consommés, elle tire un produit nouveau, qui est une robe; le laboureur qui sème des grains de blé ou d'avoine, se livre aussi à une consommation reproductive, puisque les semailles ne sont qu'une avance qu'il fait à la terre pour que celle-ci lui rende en abondance du blé ou de l'avoine.

Enfin, le capitaliste qui place ses épargnes dans une industrie pour en retirer un intérêt, en fait aussi une consommation reproductive. On peut également classer dans la catégorie des consommations reproductives celles qui, même en dehors de toute transformation industrielle, ont une utilité incontestable, telles que la consommation des aliments et des vêtements, destinés à reproduire incessamment les forces physiques des hommes, et celle des livres, destinés à reproduire leurs forces intellectuelles et morales.

Au contraire, les consommations improductives sont celles qui consistent dans la destruction d'un objet, sans qu'il ait été utilisé ou transformé ; telles sont les consommations qui sont dues à la guerre, à l'incendie, à l'inondation, et en général à tous les accidents, quelle que soit leur cause : méchanceté, maladresse ou cas fortuit.

Il faut remarquer d'abord qu'en réalité la substance de l'objet consommé n'est jamais détruite. Il est seulement mis hors d'état de rendre aucun service ; ce qui est détruit, c'est la valeur que l'objet possédait auparavant, et qu'il tirait de son utilité propre.

Je suppose qu'une chemise de toile soit déchirée par un insensé, assurément elle est consommée d'une façon improductive ; mais, comme il n'est pas au pouvoir de l'homme de créer ou de détruire un seul atome de substance, il restera, de cette chemise déchirée, des chiffons dont l'industrie s'emparera pour fabriquer du papier, et il pourra se faire qu'une consommation reproductive prenne sa source dans une consommation improductive. Si au lieu d'être déchirée, cette chemise de toile avait été brûlée, sa substance se fût retrouvée dans un peu de cendre, destinée uniquement à retourner à la terre, et n'eût pu être utilisée en aucune façon.

Quel que soit le sort de la substance qui survit forcément à la consommation d'un objet détruit, cette consommation fait disparaître une valeur obtenue par le travail, et il faut déplorer tout accident qui annule ainsi une richesse acquise.

Il arrive souvent qu'on entend dire : « Tel accident a cassé toutes les vitres de cette maison ; c'est fâcheux pour le propriétaire, mais cela va faire marcher le commerce et donner du travail aux ouvriers : le malheur des uns fait le bonheur des autres. »

Sachez bien, mes amis, qu'il n'y a rien de plus faux que ce raisonnement.

Sans doute, les vitriers auront à faire un travail qu'ils n'auraient pas eu sans cet accident ; mais si les vitres brisées valaient ensemble 200 francs, c'est une somme de 200 francs qui est perdue, non pas seulement pour le propriétaire de la maison, mais pour la richesse générale ; car celui qui les perd eût acheté avec cet argent d'autres objets, produits par d'autres ouvriers, et c'est ce qu'il s'abstiendra de faire, son capital ayant été diminué de pareille somme.

Poussons plus loin notre hypothèse pour vous démontrer plus complètement encore que le malheur qui frappe un individu frappe la société tout entière. Au lieu de vitres cassées, supposons une maison de 20,000 francs détruite par le feu. Si le propriétaire de cette maison possédait en totalité 40,000 francs, il ne lui en restera plus que 20,000, qu'il retirera de l'industrie où il les avait placés, afin de rebâtir sa maison ; cette somme fera donc défaut à la production qu'elle aidait à obtenir. Si la maison incendiée composait tout son patrimoine, il sera tout à fait ruiné et ne pourra la rebâtir. Dans les deux cas, c'est une somme de 20,000 francs qui est perdue pour lui, et, comme il fera moins de dépense qu'il n'en faisait, ayant moins de revenu, comme il fera exécuter moins de travaux, ayant moins de capital, la même perte sera subie par la société!

En effet, plus est considérable le capital dont la société dispose, plus elle donne de travail aux producteurs; la destruction d'une part de ce capital entre les mains de l'un de ses détenteurs ayant pour résultat de diminuer la somme totale des capitaux, la demande de travail doit diminuer dans la même proportion.

Cela est si vrai que si, au lieu d'une valeur de 20,000 francs, l'incendie avait pu anéantir la moitié du capital qui est répandu dans toutes les productions, il se serait fait par la suite moitié moins de travail, ou bien, ce qui serait aussi désastreux pour les producteurs, la même quantité de travail se serait faite pour un prix réduit de moitié!

La conclusion qu'il faut tirer de ceci, mes amis, c'est d'abord que les objets stérilement consommés sont des valeurs perdues pour tout le monde, parce que le travail et le capital qu'a exigés leur remplacement auraient été plus utilement employés à des choses nouvelles qui auraient augmenté la richesse publique et, par conséquent, le bien-être général; c'est ensuite que la solidarité entre tous les hommes est réelle, et qu'il faut substituer à la proposition dont je vous ai démontré la fausseté, celle-ci qui seule est vraie: le malheur de l'un est un malheur pour tous, et le profit de l'un est un profit pour tous.

Mes amis, il n'est pas très rare d'entendre les consommateurs se plaindre du prix élevé des marchandises, ou les producteurs s'écrier que les affaires ne vont pas. C'est qu'alors la production des richesses et leur consommation ne marchent plus du même pas.

Quand la consommation va plus vite que la production, la demande devient très active, et la valeur des marchandises s'élève rapidement. Quand, au contraire, la production dépasse la consommation, l'offre devient abondante, et elle a pour conséquence l'avilissement des prix.

Il n'y a pas de remède légal à de semblables états de choses : on ne peut obliger les consommateurs à acheter plus ou moins d'objets qu'il ne leur convient, car chacun est libre de faire de son revenu l'emploi qui lui paraît le meilleur.

Au point de vue de la saine raison, nous devons d'abord acheter les objets indispensables, puis ceux qui nous sont simplement utiles ; si à ce moment toutes nos ressources ne sont pas épuisées, nous devons en épargner une portion, si riches que nous puissions être, parce que la fortune qui ne s'augmente pas ne tarde pas à diminuer ; la part de l'épargne une fois faite, nous pouvons faire celle des dépenses d'agrément, de luxe même.

La morale condamne à juste titre le luxe extravagant, celui qui n'a pas d'autre raison d'être que la vanité, celui qui démoralise les hommes et qui conduit les sociétés à leur perte ; l'économie politique est, ici comme toujours, d'accord avec la morale. Mais elle ne saurait condamner le luxe des gens riches, parce qu'elle proclame la nécessité des fortunes inégales, et que le luxe est légitime pour ceux qui ont le moyen de se le procurer.

D'ailleurs, il n'y a rien qui soit moins facile à déterminer que la limite où commence le luxe ; c'est affaire de temps et de pays ; ne vous ai-je pas déjà dit que le nécessaire d'aujourd'hui dans le logement d'un ouvrier eût été, il y a quelques siècles, du luxe dans le palais des rois !

Le luxe est indispensable à la vie sociale, car le luxe, c'est la multiplicité des besoins, et tout besoin nouveau a pour effet de provoquer les efforts nouveaux du corps et de l'esprit.

Si le luxe était proscrit, combien de productions seraient arrêtées! et combien d'ouvriers seraient sans travail! Plus de voitures élégantes, de chevaux fins, de brillants harnais! Plus de bijoux, de dentelles, de robes de soie ou de velours! Plus de châteaux, de riches ameublements, plus de tableaux ou de statues! Que vous dirai-je encore? Les travailleurs qui vivent de ce qu'on appelle les industries de luxe, seraient tous réduits aux œuvres de peu d'importance, lesquelles ont déjà leurs ouvriers et, vu leur grand nombre comparé avec la médiocrité du travail qui leur serait offert, la plupart d'entre eux périraient, peut-être, faute de ce qui constitue aujourd'hui leur gagne-pain!

Il faut donc bien se garder, mes amis, de jeter des regards d'envie sur le luxe que la richesse procure, encore moins des regards de haine sur ceux qui possèdent cette richesse, parce qu'ils sont éminemment utiles au bien-être de tous! Mais il n'est pas défendu de chercher à conquérir la richesse; c'est même là le but auquel tendent presque tous les producteurs, et l'économie politique applaudit à cette légitime ambition. Elle sait en effet que rien n'est plus profitable au bien de tous que les efforts de l'intérêt individuel; ne vivons-nous pas dans une société, où il n'y a plus de classes distinctes, où les plus riches patrons sont des fils d'ouvriers, sinon d'anciens ouvriers eux-mêmes, où tous les travailleurs peuvent arriver à l'aisance par l'épargne, et, même espérer la fortune, quand ils ont su demander à l'instruction de fertiliser leurs heureuses dispositions naturelles?

XLII. — Conclusion.

Ici s'arrêtent, mes amis, les explications que je devais vous donner sur les principaux phénomènes de la vie sociale.

Il est possible que, malgré mes efforts constants pour maintenir ces petites conférences à la portée de votre âge, vous n'ayez pas saisi ou retenu toutes les notions qui y ont trouvé place; mais j'ai l'espoir que les plus importantes sont entrées dans votre esprit pour n'en plus sortir, qu'elles y germeront comme le grain germe dans la terre, et qu'elles vous inspireront plus tard, avec le respect de vous-mêmes et de la société à laquelle vous appartenez, le désir salutaire d'étudier de nouveau ce qui aurait pu vous échapper.

Je me suis, en effet, attaché surtout à mettre en lumière quelques idées fondamentales qui sont, comme on l'a dit, avec raison, la clef de tout le reste.

Je vous ai montré que l'ouvrier ajoute aujourd'hui au produit de son propre travail une part de plus en plus considérable de ce qu'y apportent le concours actif des capitaux et des machines, les efforts de l'entrepreneur, la sécurité acquise, la propriété mise en rapport de plus en plus abondant, l'échange accru par la création de voies de communication faciles et rapides, etc.

Je vous ai enseigné que tous ces éléments contribuent à l'œuvre, et que si la justice veut qu'ils profitent d'une part dans le produit obtenu, l'extension de celui-ci suffit pour assurer à l'ouvrier une récompense croissante.

Je vous ai appris que sous les trois formes du travail, du capital et de l'intelligence, ces trois facteurs essentiels de toute production, c'est toujours l'homme qui se manifeste, c'est son activité qui se révèle, c'est son action qui apparaît ; qu'il n'y a pas d'antagonisme entre eux, mais bien un accord fécond qui ne peut qu'améliorer le travail offert et accroître le travail demandé, c'est-à-dire procurer le bien-être de tous et affermir la paix parmi les hommes.

J'ai cherché à vous préserver de l'erreur qui consiste à négliger la réalité des choses qu'on ne voit pas, et de l'envie, fille de l'erreur et plus funeste encore

Enfin, j'ai voulu vous prouver que nous sommes les maîtres de notre destinée, que notre position dépend avant tout de nous-mêmes et que nous avons à notre disposition deux ressorts puissants : l'épargne et l'instruction, qui seules auront raison des deux pires fléaux de l'humanité, la misère et l'ignorance !

J'aurai atteint mon but et je m'estimerai heureux, mes amis, si j'ai réussi à fixer ces idées dans votre esprit, de telle sorte que vous, les jeunes garçons, quand vous serez devenus des hommes, vous préférez la bibliothèque communale ou populaire au cabaret, l'instruction qui élève l'homme à l'intempérance qui l'abrutit, et que vous, les jeunes filles, quand vous aurez la charge d'un ménage, vous rappellerez au chef de la famille, s'il était tenté de les oublier, quelques-unes des vérités que vous aurez apprises ici !

TABLE DES MATIÈRES

Introduction	V
I Définition de l'Économie politique	1
II La société et ses besoins	5
III L'utilité et la valeur	10
V L'utilité et la valeur *(suite)*	15
IV Sens de quelques mots	1
VI Le travail	24
VII La division du travail	29
VIII La division du travail *(suite)*	34
IX La liberté du travail	39
X La liberté du travail *(suite)*	45
XI La liberté du travail *(suite)*	49
XII Le capital	54
XIII Le capital *(suite)*	59
XIV Les machines	65
XV. Les machines *(suite)*	70
XVI La propriété	79
XVII La propriété *(suite)*	86
XVIII. La propriété *(suite)*	94
XIX. La propriété *(suite)*	98
XX. L'épargne	104
XXI L'intelligence	110
XXII. L'échange	115
XXIII. La monnaie	120
XXIV. La valeur et le prix	126
XXV. L'offre et la demande	129
XXVI. Le crédit	135
XXVII. Le billet de banque	139
XXVIII Le commerce	146
XXIX. La concurrence et le monopole	151

XXX. La spéculation	157
XXXI. Les débouchés	162
XXXII. Les voies de communication	168
XXXIII. Le salaire	173
XXXIV. Le salaire *(suite)*	177
XXXV. Les coalitions	183
XXXVI. La rémunération du capital	189
XXXVII. Les profits de l'intelligence	197
XXXVIII. L'association	203
XXXIX. L'impôt	210
XL. L'impôt *(suite)*	215
XLI. La consommation des richesses	223
XLII. Conclusion	229